河北经贸大学学术著作出版基金资助

河北经贸大学产业经济学重点学科资助

中国农村零售业成长与创新：
理论探索与实证检验

梁 佳 著

经济科学出版社

图书在版编目（CIP）数据

中国农村零售业成长与创新：理论探索与实证检验 /
梁佳著. —北京：经济科学出版社，2013.9
ISBN 978 - 7 - 5141 - 3940 - 2

Ⅰ.①中…　Ⅱ.①梁…　Ⅲ.①农村商业 - 零售业 - 研
究 - 中国　Ⅳ.①F724.2

中国版本图书馆 CIP 数据核字（2013）第 257735 号

责任编辑：侯晓霞
责任校对：王肖楠
责任印制：李　鹏

中国农村零售业成长与创新：理论探索与实证检验

梁　佳　著

经济科学出版社出版、发行　新华书店经销

社址：北京市海淀区阜成路甲 28 号　邮编：100142

教材分社电话：010 - 88191345　发行部电话：010 - 88191522

网址：www.esp.com.cn

电子邮件：houxiaoxia@ esp. com. cn

天猫网店：经济科学出版社旗舰店

网址：http://jjkxcbs. tmall. com

北京密兴印刷有限公司印装

710 × 1000　16 开　10.25 印张　200000 字

2014 年 3 月第 1 版　2014 年 3 月第 1 次印刷

ISBN 978 - 7 - 5141 - 3940 - 2　定价：30.00 元

前　言

我国农村零售市场空间广阔，目前的农村零售业发展不尽如人意，自主创新能力普遍缺失，已经对农村零售业的可持续发展造成了严重束缚，因此提升我国农村零售业的自主创新能力，已成为我国农村零售业稳步、健康发展的关键砝码。本书从中国农村零售业成长的历程与现状评述入手，将中国农村零售业的成长历程划分为四个阶段，并对中国农村零售业的发展现状进行剖析，发现农村零售业有着潜在的商机与广阔的发展前景，但与城市零售业快速而又健全的发展状况相比，还存在很大差距，在今后相当长的一段时间内农村流通服务业仍然是我们需要突破的重点。

该研究通过对中国农村零售业创新系统的内涵及结构进行解读，提出了我国农村零售创新系统应遵循的运行机制：在企业、区域、产业或国家的发展战略指导下，首先确立农村零售业创新目标，从目标出发进行创新设计，设计创新要达到的主要功能、指标和参数等。然后扫描存量技术，根据农村零售企业具体状况确定创新的方式，最后将这些方式应用于企业的业态创新、管理创新、营销创新、物流创新等各个子系统。各个创新主体要相辅相成、通力合作、相互结合、协调发展。

通过对中国农村零售企业自主创新能力的影响因素进行实证检验，发现有四个因素是对中国农村零售企业自主创新能力有显著影响的，它们分别是：区域零售竞争程度、区域城市零售发达程度、企业规模和企业学习能力，其中区域零售竞争程度和区域城市零售发达程度属于宏观环境因素，后两个因素则属于企业微观因素；另外企业自主创新能力对企业绩效存在显著的正向影响。在此基础上，系统阐明我国农村零售业创新的系统思路：业态创新、营销创新、物流创新及管理创新。其中，业态创新与营销创新同属零售企业的外显要素，能够直接被消费者感知，是企业能否得到当地消费者认可的主要影响因素。物流创新与管理创新属于零售企业的内在要素，不能被消费者直接感知，内在要素的优劣需要通过外显要素得以彰显，同时对于外显要素乃至企业整体的经营具有重要的支撑作用。

破坏性创新理论为农村零售业的发展提供了一个新的视角。现有市场低端破坏战略主要受到农村市场需求、组织学习能力的影响，而实施新市场破坏战略除了受到农村市场需求、组织学习能力的影响外，企业自身经营实力对其影响也很大。而农村竞争环境压力对农村零售业的破坏性创新影响并不显著。本书对于农村零售业的变革具有重要启示，破坏性创新较之维持性创新而言，更有利于提高农村零售业的市场绩效，尤其是对自身经营实力要求不高的现有市场低端破坏战略更应引起农村零售业者的关注。为了有效实施破坏性创新战略，农村零售业者一方面必须敏锐地把握农村居民的需求特点和变化，尤其应通过深入调研，准确预测感知农村消费者潜在的难以表达的诉求，才能使得其提供的价值元素组合受到农村消费者的欢迎；另一方面要通过多种措施努力提高组织的学习能力，包括创建学习型组织文化，在组织内部建立跨部门学习团队，通过"干中学"不断积累知识，增强对外部知识的辨别与吸收能力，加强对知识型员工进行培训，助其发展等，为破坏性战略的成功实施提供保障。

最后笔者针对农村零售企业和政府部门提出了相应的政策建议。面向农村市场的零售企业在经营过程中应该积极探索新的适应农村市场的经营模式；注重自有品牌（PB）的开发；高度重视产品创新；努力提高服务质量；注重物流配送体系的构建和完善，进行物流创新；注重人才引进，促进管理水平的提高，积极进行管理创新；积极寻求当地政府的支持，减少与当地政策的摩擦和外部风险成本，从而提高农村市场的占有率，刺激农村居民消费，更好地为农民服务。而政府部门应该突出重点，加快乡（镇）村基层连锁网点建设；搞好配套服务，加快农村市场服务与配送体系建设；加强领导并提高农村零售业发展规划和立法工作的权威性，为农村居民创造良好的消费环境，为零售企业做大做强创造机会。

梁　佳

2013 年 9 月

目　　录

第 1 章

引　言

1.1　研究背景与意义

我国的农村人口占全国人口总数的 48.73% 左右，庞大的人口基数构成了农村零售市场的广阔空间，然而农村地区社会消费品零售额仅占全国社会消费品零售总额的 35%，大型多功能现代化购物中心和百货店，实行连锁经营的大型和超大型的超级市场，这些主零售业态大多抢占城市原有的商业中心和部分中、高端市场，对于农村这个低端市场则很少涉足，农村消费潜力还远没有得到充分的挖掘。据有关资料显示，中国农村居民人均生活消费支出从 2001 年的 1741.10 元逐年递增，2005 年达到 2555.40 元，截至 2011 年年底，农村居民人均年生活消费支出高达 4089.00 元。可见，农民消费能力的稳步提高，正支撑着不断扩大的农村居民消费，为现有农村零售业及欲进入农村市场的零售企业创造了巨大的发展空间。然而，当前农村居民购买消费品的渠道主要集中于个体经营为主的夫妻店、杂货店、农家店以及依旧停留在马路两旁、街边市场状态的传统集贸市场。这些传统业态存在许多隐患，例如，摊位布局散乱、经营商品品类不全、商品档次较低、售后服务跟不上、经营方式落后、竞争力不强等，更让人难以忍受的是假冒伪劣商品充斥传统农村市场。可以说，"不方便、不安全、不实惠"是目前我国农村消费的总体现状，在一定程度上已经无法满足农村居民日益提高的消费需求。此外，近年来国家商务部等政府部门制定了一系列发展农村商品流通工作的意见，如制定了《关于进一步做好商品流通工作的意见》中指明了农村零售业的发展方向和目标。"十一五"规划也明确提出了新农村建设的具体要求，建设和完善农村市场体系，改善农村流通状况是农村工作的重心。在农民购买力显著提升及国家有利政策陆续出台这一系列内外诱因的促使下，中国农村零售业的发展面临复杂而严峻的形势。如何实现我国农村零售业又快又好的发展已成为关乎国家发展全局的重大战略问题。党的十七大高度重视自主创新，为我国农村零售业的发展提供了新的思路。但是恰恰当前，我国农村零售业自主创新能力普遍缺失，已然对农村零售业的可持续发展造成了影响。所以提升我国农村零售业的自主创新能力，已成为我国农村零售业稳步、健康发展的关键砝码。

当前中国农村零售业自主创新匮乏与相关理论研究的滞后有一定关联，国内对农村零售业发展的研究虽然已经积累了一定数量的研究成果，但立足于自主创新的研究并不太多，且整体处于比较零散的阶段，大多侧重于农村零售业创新的某一方面。如果想对农村零售业自主创新科学内涵深入理解，就应该用系统的理论统揽农村零售业成长与创新全局，并深入探究农村零售业创新系统的构成及运作规律。只着眼于创新的某一方面，也就割裂了农村零售业创新系统各要素之间的联系，从而难免在指导农村零售业实践的过程中存在一定的局限性。此外，从现有相关文献的研究方法看，大多是一些描述性研究或定性研究，定量实证研究的文献明显偏少。而由于我国农村零售业的发展环境与国外有很大差别，缺乏定量实证研究的支撑，将不利于深入挖掘我国农村零售业创新的制约因素及其影响程度，进而对如何通过创新推动我国农村零售业发展的问题，难以做出科学而全面的解析。基于此，本书将在现有研究的基础上，综合运用演绎推理、系统研究、实证研究等研究方法，全面深入地对农村零售业成长与创新问题进行研究，构建一个农村零售业创新的动态系统演化机制，并深入剖析中国农村零售业创新的影响因素，据此提出具有中国特色的农村零售业创新的路径选择。

从理论贡献上看，本书进一步丰富了农村零售业相关理论，从创新视角寻求农村零售业发展的突破口，具有一定的理论开创性，而中国农村零售业创新动态系统的理论构建也具有一定的突破性；从实践意义上看，则有效探索了农村零售业创新的影响因素及创新路径，且重点解析了破坏性创新模式的制约因素及运作模式，这对于改变我国农村流通业的落后面貌，推动农村零售业的迅速发展，拉动农村经济增长，建设社会主义新农村有积极意义。

1.2　文献综述

1.2.1　关于零售创新的研究

创新是一个企业获取竞争优势的重要法宝，在市场竞争如此激烈的今天，零售企业面临着同样的困境。零售企业自身并不生产产品，并且直接面对消费者，这与其他生产型企业又有许多不同，因此零售业创新有其自身的独特性。对零售业创新进行深入剖析，详细区分其与制造业的差别，对于下文分析农村零售业的创新具有重要的意义。

1.2.1.1　零售创新的内涵

对于零售创新这个领域的研究，目前还不是特别成熟，学者们也未对零售创新的定义达成统一意见，胡永铨和曹鸿星两位学者对于零售创新定义的观点是比较具有代表性的。

胡永铨（2007）认为零售创新是指零售商抓住市场潜在的盈利机会，重新组合经营条件、要素和组织，从而建立效能更强、效率更高和生产费用更低的生产经营系统的活动过程。曹鸿星（2010）认为零售业创新应界定为新的（显著改进的）零售要素（包括产品、品种、服务、零售业态等），与支撑这些要素的组织和技术一起应用的过程，目的是使零售商获取新的市场知识和技术知识。

关于零售创新概念的理解，蔺雷（2007）① 从服务创新的角度进行了论述，他认为可以从以下四个方面展开：创新的无形性、创新的新颖度、创新形式的多样性和创新的顾客导向性。零售创新形式以无形性为主，同时融合了部分有形性；零售创新的新颖度范围较广，是可复制创新和解决特定顾客问题的不可复制创新的结合体。其中，"无形性"是零售创新的核心，不同要素之间相互关联、互相作用。

关于零售创新的特征，蔺雷（2007）提出了以下四点：第一，零售创新的内涵与制造业创新相比，丰富了很多；第二，零售创新过程是一个多部门、多个人频繁交互作用的过程，交互作用质量的好坏直接影响创新的最终成果；第三，零售创新遵循着多种多样的轨道形式，比制造业丰富，其中"服务专业轨道"、"管理轨道"、"制度轨道"和"社会轨道"是比较重要的轨道；第四，零售创新没有专门的 R&D 部门，开发和投资回报周期比制造业短很多。而胡永铨（2007）则认为主体的自主性、过程的持续性、目标的战略性和顾客的参与性是零售创新的主要特征。

1.2.1.2 零售创新的层次与内容

零售业创新的内容包括两个部分，即从宏观上对零售业创新层次进行研究和从微观角度对零售业创新内容进行研究。

曹鸿星（2010）的研究表明创新金字塔可以被用来描述零售业创新存

---

① 出自：李飞、王高等著《中国零售管理创新》第一章。

在的不同层次：最顶层是战略层面的创新；顾客相关的创新位于第二层；第三层是支持和组织等相关的创新。因此，零售企业可以在战略管理、组织管理、流程管理这三个层次上进行创新（樊飞飞、肖怡，2006）。战略整合对于企业确定长期发展方向和战略目标有一定帮助；组织整合是实现企业战略目标的组织保证；而对于作业流程的整合则是形成企业核心能力的基础（曹鸿星，2010）。曹鸿星（2010）还根据零售业创新的程度，总结出零售创新的7种类型，如表1-1所示。

表1-1   **零售业创新的程度和类型**

零售业的创新程度	零售业创新的7种类型	具体例子
重大创新	重大新业态	世界全新的零售概念：玩具超市；BBC的五金器具大型超市
	合并	利用关键要素或对两种不同的零售种类进行组合：书店和咖啡店的组合——读者咖啡店
小的渐进创新	不相关的品牌延伸	把零售品牌延伸到不相关的种类：Woolworths超市进入汽油零售领域——Woolworths的加油站
	改造（升级或革新）	显著变化，通常需要对全店进行根本改造和大投资（如内部改造）或者对商店或品牌重新定位（如预示接近市场的新标语）：凯马特的"新一代"翻新
无创新	店内改变	店内某部分的重新配置（不同地板、灯光、陈设），使其具有特色：Coles的天然食物精选
	相关的品牌延伸	把零售品牌延伸到相关的种类：Target开设婴儿Target、麦当劳咖啡店
	小的零售组合改变	改变零售组合的一些要素（新扫描仪、新标记、小的服务变化）：Franklin的胶卷冲印（降价）

资料来源：曹鸿星.零售业创新研究述评.北京工商大学学报（社会科学版），2010（1）：20.

从表1-1中我们可以看出：通过零售业的创新程度来判断业态创新是零售创新非常重要的内容。到底世界零售业发生了多少次业态创新，学术界也未达成统一的认识，但是以下三种说法得到了大多数人的认可：第一种是"三次说"，即百货商店、连锁商店和超级市场；第二种是"四次说"，即百货商店、一价店、连锁商店和超级市场；还有一种是"八次说"，即百货商店、一价店、连锁商店、超级市场、购物中心、自动售货机、步行商业街以及多媒体销售（李飞，2003）。中国自1978年改革开放以来，零售业在城市已经表现出多种业态，并取得了长足发展，如今在中国市场，百货商店已经发展进入成熟期，超级市场则处于成长期，其他新型业态也开始逐步起步。但是农村市场业态比较单一，以小商铺为主，近些年出现了小百货商店和小型超市，城市中出现的多种零售业态在农村市场并不多见。

关于零售创新的内容，学者们提出了不同的看法。俞国方（2005）认为进行零售创新应该从经营观念、业态模式、竞争策略、管理系统、服务体系和组织学习这六个方面着手。黄国雄（2006）认为应该从观念创新、管理创新和经营创新这三个方面着手。张堃（2002）从培育零售企业核心竞争力出发，提出了零售业的创新路径是进行观念创新、业态创新、组织结构创新、管理模式创新和企业文化创新。观念创新是为了增强企业生存和发展的意识；业态创新是构筑企业成长空间的重要内容；组织结构创新能建立快捷的反应系统；管理模式创新为企业发展奠定了基石；企业文化创新帮助企业营造独特的竞争优势。李飞、王高等（2008）将零售创新的内容分为了16种，分别是：零售业盈利模式创新、零售业态开发创新、网上零售管理创新、零售企业定位管理创新、零售店址开发创新、零售自有品牌创新、零售服务方式创新、零售促销方式创新、零售店铺环境创新、零售顾客满意创新、零售物流模式创新、零售信息技术创新、零售企业组织结构创新、零售企业文化创新、零售企业品牌创新以及零供关系管理创新。曹鸿星（2010）则认为零售创新的具体内容包括：业态创新、技术创新和商业模式创新。可见，零售创新内容多种多样，但凡与零售活动相关的创新均属于零售创新的范畴，然而对于零售创新的研究范围并未形成系统化，也没有达成共识。

1.2.2 关于农村零售业创新的研究

1.2.2.1 业态创新

农村零售业现有的业态以传统的夫妻店、连家铺为主，这类传统业态非常落后，存在诸多的局限，要发展农村零售业，业态创新首当其冲。如前所述，很多学者都对农村业态创新进行了思考，认为应当开展连锁经营，发展大型零售企业，以提高农村零售企业的组织化和规范化程度，增强经营能力；发展无店铺零售，以解决农村人口多，分布散，布点难的问题。这些研究以简单的描述性研究为主，而学者汪旭晖（2009）则用实证的方法，以辽宁省农村消费者满意度为视角开展研究，研究发现不同零售业态中选址因素、商品因素、价格因素、服务因素以及环境因素这五种因素对于农村消费者满意度的影响均存在差异，而价格因素是各种业态中影响程度最大的因素，环境因素在各个业态中的影响程度最小。汪旭晖、徐建（2009）以我国东北地区农民消费行为的调查为基础，对农村综合性购物场所的业态创新进行了实证分析，研究表明由于城乡文化存在巨大差异，适合城市的成熟业态模式很难完全适应农村市场，农村零售业态创新模式需要具有与农民消费行为相适应的典型农村化特征。这一观点与张晓霞（2010）对中西部农村零售业态创新研究中的观点不谋而合。他们的研究都充分表明农村零售业态需要根据农村消费者的行为等特征进行创新，而不能照搬一些成熟的城市零售业态，这为现代农村零售业态的选择和创新提供了重要的参考价值，然而，其不足之处在于并未涉及农村零售业态创新的具体操作方法。张晓霞（2011）在对我国农村零售业态现状及特点分析的基础上，基于破坏性创新理论提出我国农村零售业态演变是维持性创新和破坏性创新相结合的观点。维持性创新途径主要针对传统业态的改造和发展超市等新型业态，破坏性创新途径用于发展廉价商店和网络商店。

黄先军（2003）认为多样化的经营模式，应采取多样化的经营业态，改变单一的传统经营形式如"夫妻店"，大力推进小超市、连锁店、专卖店、仓储店、折扣店、家居中心等全方位、多业态的综合发展模式。李定珍（2007）对我国农村零售业的实际情况进行了研究，提出了农村零售业组织创新的四种可选模式：零售企业集团化模式、流动零售店模式、零售企业连锁化模式以及无店铺零售组织模式。

1.2.2.2 营销创新

农村零售的另一方面创新就是营销策略的创新。在这个"酒香也怕巷子深"的时代，营销策略的实施是企业产品及企业形象深入消费者的重要途径。张满林（2001）认为由于农村消费者和城镇消费者在经济水平以及消费习惯等方面存在较大差异，因此以农村为目标市场的零售企业应该根据农民的需求特点、经济能力、消费规律和购物习惯来调整商品结构以满足农村居民消费的需求。黄漫宇（2011）也认为应该根据针对农村零售环境、农民偏好等因素进行分析，开发出适销对路的自有品牌商品。许辉（2009）认为应该实施"差别营销"策略，在不同地区、不同目标市场上提供不同的产品和不同的服务。王冰（2009）认为农村消费者的特征与城市消费者有很大的差异，应采用恰当的促销方式以及符合农村消费者需求的服务。李刚、汪旭晖（2010）通过对家家悦案例的研究发现，家家悦进入农村市场后开发自有品牌，占领新市场；对供应链进行破坏性创新，探索农超对接。从以上诸多学者的观点可以看出，尽管学者们对于营销策略的具体实施步骤略有差异，但均认可农村消费与城镇消费之间的差异，需采取创新型的营销策略方为应对之策。

1.2.2.3 渠道和网络创新

从整体上看，目前我国农村流通渠道不畅、流通网络的搭建尚处于初级阶段，流通方式落后、农村现代流通体系基础薄弱，在根本上不适应扩大农村消费、发展农村现代零售业和建设社会主义新农村的需要。关于此种状况，国内学者已经进行了诸多研究，并提出了许多建设性意见。其中刘导波（2006）认为，连锁经营发展起来应以县及县级市作为切入点，通过连锁经营方式，整合县及县级市以下经营网点，从而建立和完善以小城镇、行政村为基础的农村日用消费品服务网络。王明东（2006）认为，采用连锁配送经营，用现代化流通方式将乡镇网点和村级店连通起来，形成"地市龙头店＋配送中心或基层配送站＋村连锁店"的连锁配送模式，建立"生产厂家＋配送中心＋乡镇店＋村级农家店"的物流系统和"总部＋配送中心＋乡村农家店"的信息沟通反馈体系。关于农村网络建设，程国强（2007）认为应运用现代流通方式，如农村连锁经营、物流配送、电子商务等，实现交易方式创新、服务功能创新、管理制度创新和经营技术创新，从而全面推进农村日用消费品流通网络建设。袁平红、武云亮（2007）指出，应加强农村商业网点的规划与布局，形成以小城镇为依托的基础网，以县城为依托的区域网，并实现农村与城市流通网络的有效对接。此外，还有一些学者认为应该构建一个三级及三级以上的流通网络。洪涛（2003）认为，充分发挥县级商品流通网络在农村商品流通中的重要作用，应以一个县（县级市）为整体进行合理规划和布局，采取由县城到集镇再到乡村的三级配置方式，形成"县城商业网—集镇商业网—乡村商业网"的流通网络。要合理布局固定网点，并以流动网点作为补充，以中小型商业网点为主，以中低档商品为主，形成以县城商业网为中心，集镇网络为骨干，联系乡村分散网点的一整套销售网络，并使之与农副产品采购网络结合起来。宋向清（2007）认为应根据不同农村的情况采取不同的策略，要因地制宜，在近郊和资源富裕型农村大力发展第三方物流；远郊以及资源相对贫乏的农村，形成"工助农用物流模式"；偏僻和无特色资源的农村可以自发组成自助物流系统。王明东（2006）认为应以县（市）和中心城镇为重点，以乡镇、村为基础，构建市、县、乡、村四级消费品流通网络，重点建设乡、村两级超市和便利店。与上述学者主张构建多层级网络不同的是，孟静（2007）提出购销网络一体化的理念，指出构建农村消费品、农资、农产品流通一体化网络，应加强以县为重点的农民商场、批发市场、农贸集市及各种专业市场的建设。与此同时，不少国内学者也认为农村物流创新，对于流通和网络创新起着至关重要的作用，其中，胡愈（2007）指出，农村 B2F（Business to Farmer）电子商务模式能推进农村物流体系创新。王新利（2007）则指出，发展农村逆向物流有利于农村循环经济及绿色物流的发展，还能使农村居民获得潜在的社会效益和经济效益，提高农村居民对商品的满意度。

纪良纲等（2001）根据我国的实际情况，指出发展农村商业网点必须以小城镇为依托，即要把农村商业网点的建设与小城镇的发展结合起来。陈阿兴、黄国雄（2003）认为必须以小城镇为依托，大力发展农村现代零售产业组织体系，并积极发挥供销合作社的作用。单丹、庞毅（2007）强调突出和加强小城镇的节点作用，以农村零售业网络建设为依托构建农村现代流通体系，促进城乡协调发展。吴杰（2006）则认为，要积极引进在农村市场开拓方面有成功经验的城市零售商，将连锁店（包括特许加盟店）引入小城镇，逐步建成以县城为重点，农村小城镇为依托，以村庄为基础的农村消费品零售网络。原梅生、弓志刚（2005）指出，发展连锁经营和电子商务是构建农村现代流通体系的有效途径。根据唐婧（2007）的观点，应完善农村消费品流通网络，采用连锁经营、统一配送等现代营销方式，对农村商品流通网络进行改造和提升，加快供销合作社经营网络改造，促进城市商业网点向农村延伸。王新利、吕火花（2006）则认为不完善的农村消费流通体系严重制约了农村消费，解决办法是恢复发展供销合作社，并大力发展农村物流。

1.2.3　小结

从上述文献回顾中我们可以看出，国内外学者对于农村零售业成长与创新问题从多个视角、运用多种研究方法开展了研究，这些研究成果比较丰硕，具有较强的理论价值和现实意义。然而，从研究内容分析，现有文献大多侧重于农村连锁超市这一零售业态，且对于零售业创新的研究也仅侧重于某一方面，对农村零售业创新的科学内涵理解得不够深入。用系统的理论统揽农村零售业成长与创新的整个全局，并深入探究现代农村零售业成长与创新系统的构成及运作规律，显然应成为农村零售领域研究的重点。从研究方法看，现有文献大多集中于一些描述性研究或定性研究，定量实证研究的文献明显偏少。而定量的实证检验恰恰是我国农村零售业成长与创新研究过程中最为欠缺的一部分。因此，本书将借鉴前人的研究成果，综合运用演绎推理、系统研究、实证研究等研究方法，对农村零售业成长与创新问题展开深入研究，以期构建农村零售业创新的动态系统演化机制，通过剖析中国农村零售业创新的影响因素，据此提出具有中国特色的农村零售业创新的路径选择。

1.3 研究框架、研究方法和创新点

1.3.1 研究框架

本书除第 1 章引言以外，核心内容由第 2 章到第 7 章六个紧密联结的章节所组成。笔者从中国农村零售业成长的历程与现状评述入手，将中国农村零售业的成长历程划分为 4 个阶段，并对中国农村零售业的发展现状进行剖析。紧接着对中国农村零售业创新动态系统的内涵及结构进行解读，构建了该系统的运行机制。在本书的第 4 章，笔者对中国农村零售业开展创新的影响因素进行了分析，并在第 5 章提出了系统的创新路径选择：即业态创新、营销创新、物流创新及管理创新。第 6 章，笔者立足于破坏性创新视角，首先分析了现有农村零售企业开展破坏性创新的制约因素，此

后通过一个实证检验，对上述理论框架进行了验证。最后，笔者从农村零售企业和政府部门角度分别提出了相应的政策建议。本书的研究框架如图1-1所示。

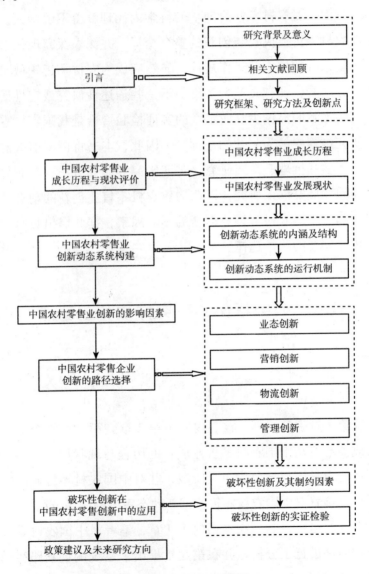

图1-1 研究框架

1.3.2 研究方法

1.3.2.1 文献分析法

本书所采用的数据主要来源于中国知网文献数据库、出版书籍、会议记录、各企业年报、联商网、第一零售网等各种零售类专业网站以及相关新闻、报纸等。通过对过去相关文献资料的归纳和总结，确定了研究主线：即农村零售业的成长与创新。由于本书研究的内容是中国农村零售业的未来发展问题，国外学者提出的较为成熟的理论以及国内现有文献对我国农村零售业的研究现状对我们的借鉴意义都非常关键，因此对国内外文献的研究至关重要。通过对中国农村零售业成长的历程与现状进行评述，层层深入，逐步建立本书的研究框架并开展相关案例及实证调研。

1.3.2.2 问卷调查法

问卷调查是本书获取研究数据的重要方法。它包括调查问卷的初步设计、问卷发放、对回收问卷的初步筛选以及调查数据的录入等步骤。在对本书第5章5.1节中国农村零售业创新的路径选择：业态创新的研究中，本书选取东北地区20多个农村县区的农民为样本，展开大样本调查。此外，在本书的第6章6.2节，我们开展了对农村零售业破坏性创新的实证检验，以国内万村千乡店为对象展开。在问卷调查的基础上，对各类数据进行了相应的分析处理。

1.3.2.3 动态研究方法

中国农村零售业创新的运行机制是一个动态的系统。它作为一种复杂的开放系统，农村零售创新不是单因素创新，它需要各种因素共同发生作用。这些因素和阶段相互作用、相辅相成，构成一个有机整体，形成了业态创新、管理创新、营销创新、物流创新、政策创新等子系统，这些子系统彼此相互促进，共同推进了零售市场的持续创新。

1.3.3 创新点

1.3.3.1 构建了农村零售业创新系统的理论模型

虽然国内外学术界对农村零售业成长与创新问题已经积累了一些成果，且整体处于比较零散的阶段，大多侧重于零售业创新的某一方面，用系统的理论统揽农村零售业创新的整个全局，并深入探究农村零售业创新系统的构成及运作规律的研究成果还不是特别多见。如果只着眼于创新的某一方面，也就割裂了农村零售创新系统各要素之间的联系，从而在指导农村零售业实践的过程中就难免存在一定的局限性。本书构建了以农村零售企业、高校科研机构、政府、金融部门等为创新主体，以业态创新、营销创新、物流创新、管理创新和政策创新等创新子系统为核心的农村零售业创新系统的理论模型，并深入探讨了系统的运行机制，这在理论上具有一定创新。

1.3.3.2 通过实证研究方法检验了农村零售业创新的影响因素

从现有文献的研究方法看，有关农村零售业创新的研究大多是一些描述性研究或定性研究，定量实证研究的文献明显偏少，而由于我国农村零售业的发展环境与国外有很大差别，缺乏定量实证研究的支撑，将不利于深入挖掘我国农村零售业创新的制约因素及其影响程度，进而对如何通过有效创新推动农村零售业发展的问题难以做出科学而全面的解析。所以本书通过大样本实证研究，验证了中国农村零售企业自主创新能力的影响因素以及企业自主创新能力对企业绩效的影响，发现中国农村零售企业自主创新能力有显著影响的因素有四个：区域零售竞争程度、区域城市零售发达程度、企业规模、企业学习能力。其中前两个因素属于宏观环境因素，后两个因素均属于企业微观因素，而企业自主创新能力对企业绩效存在显著的正向影响。

1.3.3.3 运用破坏性创新理论解释了农村零售业创新的内在逻辑

本书运用破坏性创新理论解释了农村零售创新的内在逻辑，开拓了对农村市场研究的新视角。农村零售业的发展需要破坏性创新，因为农民收入较低，对城市消费者追求的体验式店铺氛围、商品的品牌、商品的高技术含量或附加功能价值关注程度不多，购物时更需要的是一些基本功能的满足，他们考虑的是"简单、便捷、廉价"，这决定了零售企业可以运用破坏性创新理念，通过引入与城市现有技术相比"不够好"的产品和服务，来破坏并重新定义商业经营的技术轨迹。这种创新是一种打破城市市场竞争基础的创新，但是对零售企业有效开拓农村市场意义重大。运用破坏性创新理论解释农村零售业创新规律，并进行实证检验，具有一定的创新性。

第2章

中国农村零售业成长历程与现状评价

2.1 中国农村零售业成长历程

农村零售业是中国社会主义市场体系的重要组成部分,对繁荣农村经济、推动城市化进程、引导农村居民消费方式转变以及吸纳农村剩余劳动力都起着重要的作用,是保证中国城乡经济平稳运行的重要载体和依托条件。然而,与城市零售业的快速发展状况相比,我国农村地区零售业发展严重滞后。在过去农村生命力最强的零售业态一直是小型便民店,个体户经营为主的夫妻店、杂货店、农家店以及依旧停留在马路市场、街边市场状态的传统集贸市场构成了农村最主要的零售业态形式,这些都属于商品市场的低级形式。改革开放以来,伴随着国民经济的持续稳定发展,中国农村零售业的发展经历了漫长的过程,取得了突破性的成果,有了长足的发展。新中国农村零售业的发展历程,大体经历了以下四个阶段。

2.1.1　第一阶段——计划经济统购统销体制时期（1978 年之前）

　　1978 年中国实施改革开放政策前，中国商品流通体系是高度集中统一的中央计划管理，零售业也按照计划经济体制运行。农村主要的日用品，由国营、供销社计划分配销售，集市贸易只剩下社员自留地、家庭副业和社、队完成统购、派购任务后剩余产品。1958 年"大跃进"取消了自留地，大办集体食堂，农贸市场无形关闭。1961 年年底为贯彻《人民公社工作条例》（简称"六十条"），允许农民个人发展家庭副业，使农贸市场恢复开放。1966～1976 年"文化大革命"期间，由于受"左"的影响，在公社范围内指定地点进行集市贸易，不准转手买卖，不准远途运销，社队完成交售任务后的剩余产品也要卖给国家，把农贸市场又一次打入半封闭状态。因此，在这一时期，日用品主要是通过供销社这条渠道供应到农民手中，供销社以农民群众集体所有的经济组织出现，农民通过供销社向政府反映自己的要求。供销社成为农村经济生活中的一支重要支柱，真正做到农民需要什么，供销社就组织经营什么，为巩固工农联盟，繁荣城乡经济发挥了重要作用。

　　但是由于当时农村日用品供求缺口较大，供销社还不能完全满足农民的需求。例如，1960 年前后，由于棉布、针织品、胶鞋、手电池、火柴、牙膏、布伞、搪瓷面盆、保温瓶、打火机等商品紧缺，在短期内无法满足人民日常生活需要，实行凭证定量、凭证限量和凭证不定量等办法供应。1963 年后，百货纺织品市场供应缓和，但棉布、棉纱仍实行统销。

2.1.2 第二阶段——计划经济向市场经济过渡时期（1978～1990年）

1978年中国进行了体制改革，商品流通管理体制也发生了巨大的改变。20世纪80年代初，通过推行"多种经济形式、多种经营方式、多种流通渠道，减少不必要的流通环节"这"三多一少"政策，使商品流通环节和经营方式的限制得到了很大程度的解放，同时大大减少了计划商品的种类。日用品的计划商品，由原来的135种逐步减少到1984年的26种，增加了订购、选购、代购代销、联营联销等形式，小商品价格全部实行市场调节。在这个时期，传统的国合商业一统天下的局面不再存在，个体商业迅速发展，并且个体商业已经成为农村零售体系最重要的组成部分。随着各种农贸市场、小商品批发市场和对个体商业的放开，农村个体商户数量骤增，与城市相比，农村集市数量从1978年的33302个增至1990年的59473个，12年间增长了近2倍，而集市成交额从1978年年底的125.9亿元增至1988年的1330.4亿元，增长约10倍（见表2-1）。其结果是农村基层供销社经营陷入困境，而收入不高、消费以食品和日杂用品为主的农村消费者将大部分购买力转向了集贸市场，这一点可以从这一时期集贸市场数量、销售额的增长中看出。

表2-1　　　　　　　中国城乡集贸市场发展比较

年　份	1978	1985	1990
集市数（个）	33302	61337	72579
城市	—	8013	13106
乡村	33302	53324	59473
集市成交额（亿元）	125.9	632.3	2168.2
城市	—	120.7	837.8
乡村	125.9	511.6	1330.4

资料来源：《中国统计摘要（1999）》。

这一阶段，农村的集贸市场、小商品交易市场和个体小商户的数量大幅增长，但由于当时整个经济体制处于从计划经济向市场经济转型的起始阶段，城市的零售体系尚未成熟，农村的零售市场发展更为滞后。因此，虽然有了起步，解决了农村市场单一供销社带来的弊端，但农村零售市场的业态创新和发展仍有待进一步发展。

2.1.3　第三阶段——社会主义市场经济体制确立时期（1991～2003年）

20世纪90年代以来，中国零售业发生了根本性的变化。1992年党的十四大提出了建立社会主义市场经济体制的目标，从这一阶段起，中国正式进入社会主义市场经济流通体制时代。以居民消费收入与支出为基础的零售业属于增长速度较快的行业，随着整个经济体制进一步转向市场经济，社会资本也依照市场规律开始进入不断增长、前景看好的零售业。中国农村零售业在这阶段的变化主要体现在以下两方面：第一，零售企业经营方式发生巨大变化。计划经济体制下的副食商店、粮店、菜市场已基本不见踪影，农村居民采购日用百货、服装经营不再选择农村供销社，更多地选择个体私营企业及由它们组成的各类集贸市场和小商品交易市场。据调查统计，后者已占同期我国县及县级以下社会商品零售总额的70%左右。第二，各种新型零售组织崭露头角。连锁经营也开始深入农村，并取得较好发展。开始主要是超市连锁进入农村市场，继而发展到百货店连锁、餐馆连锁、胶卷冲洗连锁等众多领域。不过，农村的超市并未严格限定经营范围、营业面积和销售额，主要采取开架售货，以经营食品、日杂商品为主，规模较小。此外，品牌专卖店也开始崭露头角，特别是服饰品牌专卖店，中低端的服饰品牌日渐成为农村消费者喜爱和追逐的对象。但是在这一阶段，虽然涌现出一些新型零售组织形态，但是连锁超市依然是主体，而且分布不均，消费品流通的渠道仍然比较单一，农村消费品流通网络尚未建立。

2.1.4 第四阶段——现代农村消费品流通网络初建时期（2004 年至今）

2004 年 6 月 29 日，商务部等八个部门联合发出的《关于进一步做好农村商品流通工作的意见》中指出，加快农村消费品市场建设，大力培育农村新型流通方式，积极引导和扩大农民消费。以县城和中心城镇为重点，积极发展连锁超市、便利店等新型流通业态。通过示范引导、自愿进入的方式，逐步以连锁经营、统一配送等经营方式改造农村传统的集贸市场。鼓励有实力的零售企业运用特许经营、销售代理等方式，改造"夫妻店"、"代销店"。力争用五年左右的时间，初步形成以县城为重点、乡镇为骨干、村为基础的农村消费品零售网络。这标志着现代化的农村消费品流通网络建设开始受到重视。2005 年商务部正式启动"万村千乡"市场工程，预期用 3 年时间，在试点区域培育大约 25 万家农家店，形成以城区店为龙头、以乡镇店为骨干、以村级店为基础的农村消费品流通网络，逐步缩小城乡居民之间的消费差距。截至 2010 年年底，"万村千乡"市场工程在辽宁省取得了很大成效，连锁农家店已覆盖全省 90% 的乡镇、60% 的行政村，共吸纳 4.2 万名农村居民从事商品流通工作，农村市场流通网络正在逐步建成。辽宁省商务厅 2006 年、2007 年统计数据表明，全省 81 家试点企业连续两年实现销售额 3 倍增长的态势，企业参与"万村千乡"市场工程的积极性大大提高，并先后投资 4.8 亿元，用于农村市场配送中心及各类基础设施建设。2009 年全省共新建、改造 2409 家农家店和 27 个配送中心，拉动社会投资 6.46 亿元，新增 5150 个就业岗位，农家店年销售额达到 50 亿元，配送中心年配送额实现 54.9 亿元。

2007 年中华全国供销合作社提出的"新网工程"建设即新农村现代流通服务网络工程建设，实现了供销合作社在农村的逐步复兴。在大多数农民心目中，供销社是挂着"国字号"招牌的老店，值得信赖。供销社恢复经营没几年，当地居民对于化肥、农药、农膜等农资产品购买多选择在此进行，本地市场占有率高达 80% 以上。除了几十年积攒下来的良好声誉，供销合作社还拥有强大的网络优势。"供销社一头连着生产，一头连着消费，具有沟通城乡的多种功能，在农村商业繁荣和改善农村消费的过程中，供销社的作用不可替代。"此外，计划经济时代的供销合作社还培养了一批熟悉农村环境和市场的人才。许多基层社的员工，下岗后依然活跃在农村商品流通领域，从事为农民服务的工作，成为当地赫赫有名的"土专家"，这也是市场经济条件下开拓农村市场的一笔宝贵资源。此时，农村市场中介组织也得到了大力发展，2010 年辽宁省共培育农民专业合作经济组织 7823 个，较 2009 年增长了 21.3%；参与成员人数为 49.6 万人，与 2009 年相比增长了 6.7%。

在这一阶段，以新型业态、新型流通组织形式为支撑的现代化农村消费品流通网络开始在全国范围内搭建，但是，农村零售业发展较为滞后的局面依然没有得到根本改观。大力发展农村零售业不仅是社会主义新农村建设的基本要求，而且对于中国本土零售业的成长壮大也具有重要的战略意义。从中国本土零售企业成长角度看，拥有中国 48.73% 人口的农村蕴涵着庞大的消费市场，农村市场有可能成为现阶段本土零售企业抗衡国际巨头的重要砝码。农村零售市场仍然需要一个根本性的变革，以最大限度发挥市场的作用，实现农村零售市场的资源高效配置。

2.1.5　小结

从我国农村零售业的发展历程可知，农村零售业是我国市场经济不可或缺的一部分。随着农业及相关产业迅猛发展，农民的购买力逐渐上升，农村则变成庞大的消费市场。从整体上看，农村零售业有着潜在的商机与广阔的发展前景，但与城市零售业快速而又健全地发展状况相比，农村零售业则显得漏洞百出，农村的商店大都是传统的杂货店、小型超市等，经营范围狭窄，经营能力弱，布局零散，各种零售业态的结构失调，缺乏集中趋势等，我们在了解和认识农村零售业发展状况之后，要结合农村市场的具体情况，对其进行了解和分析。在借鉴城市零售业发展经验的基础上，面对广阔的农村消费市场，农村零售企业如何在激烈的竞争中准确定位自己的战略，认清市场环境，进行有效创新，实现农村零售市场的资源高效配置是农村零售业发展的当务之急。

2.2 中国农村零售业发展现状

2.2.1 中国农村零售市场的特点

由于经济发展水平、生活方式、购物习惯、消费习惯等方面的差异，目前农村零售市场与城市零售市场的发展存在很大程度的区别。与城市零售市场相比，农村零售市场具有其自身的特点和属性，了解这一点，对于分析农村零售业的现状以及未来的创新具有重要意义。

（1）农村零售市场发展迅速，潜力巨大。我国农村人口占总人口的48.73%，农村消费市场规模巨大，潜力无限。但是，面对如此庞大的农村市场，我国农村市场消费品零售总额仅占全国消费品零售总额的35%。巨大的反差充分说明我国农村市场没有得到充分开发，还有很大的发展潜力。随着我国经济的快速发展，农村改革的不断深化，特别是党的十七大以来，党中央提出了统筹城乡发展的战略，连续五年出台惠农政策、减免农村税费，农村居民生活水平日益提高，购买力不断增长。伴随着农民收入水平的不断提高，农村市场的消费潜力也得到了极大提升，农村零售业的发展具备了相当的物质基础，提供了良好的契机。

（2）农村零售市场具有明显的层次性，主要表现为以下三个方面：一是消费结构的层次性。通常情况下，种植庄稼、喂养牲畜是农村居民家庭收入的很大一块内容，农民对生产资料的选购是一个家庭的首要支出，因此农民最重视生产资料的选购，如化肥、种子、农机具、饲料①等。随着农民收入水平的不断提高，农民的消费倾向转向购买建筑材料及装饰材料，添置新家具等。建房消费的高峰期在不同地域有所不同，但在同一地域范围却体现出相对集中的特点。当建房需求得到满足后，农民下一步会考虑添置或更换耐用消费品。目前我国农村很多地区已度过了建房消费的高峰，进入了耐用消费品的消费高峰。二是与城市市场相比，农村市场消费时间上的滞后性。我国二元经济结构导致的城乡居民收入差距，使得农村市场对消费品的需求存在滞后性的特点，很多产品在城市市场已趋饱和，而在农村市场则才开始进入消费高峰期。有学者指出，我国城市市场与农村市场之间存在着十年左右的消费差距，这就意味着当下农村市场走俏的商品很可能是城市市场十年前热销主力商品。三是农村零售市场存在着地域梯度。我国地域广阔，东部、中部、西部经济呈梯度发展水平，因此农村零售市场消费的产品基本是由东部沿海到中部再到西部，呈逐步辐射的梯度趋势（王便芳，2009）。

（3）农村零售市场的功能性需求突出。近年来，农村居民的总收入虽逐年有所提高，但其可支配收入并不宽裕，中华民族勤俭节约的传统美德在中国农民身上体现得淋漓尽致，这些因素导致农村居民消费力低下，对产品价格敏感度高，农民消费看中的多是产品的功能性，且同类产品之间价格低廉者往往更容易获得农民消费者的喜爱。创业于 1994 年的河北华龙面集团有限公司看准了这一特点，准确地将产品定位于 8 亿农民和 3 亿工薪阶层这样的消费群体上并依托全国十几个优质小麦生产基地和廉价的劳动力资源，将每袋方便面的零售价定位于 0.6 元以下，比其他名牌方便面整整低了 0.8 元左右，凭借准确的目标市场定位策略，很快占领了北方的农村市场。2003 年河北华龙面集团以年产销量超过 60 亿包的业绩，居中

---

① 农民所饲养的牲畜基本用于出售，因此饲料应归入生产资料范畴。

国方便面行业第二位。通过对农村市场功能性需求的准确定位，"华龙"真正地实现了由地方方便面品牌向全国知名品牌的转变。河北华龙面集团的成功体现出农村市场功能性需求特点显著，这主要是由于农村消费者收入有限，他们不太注重产品的附加价值以及精神享受，更多的是强调产品的实际使用价值和物质利益。

（4）农村零售市场的淡旺季分明。大多数农村居民由于平时忙于农业生产和外出打工，一般情况下，平时只是购买日常消费品以及一些简单的服装、鞋帽等，对于家电类等大件消费品的购买，一般等到农副产品获得经济收益后，才进行消费。农村居民对鸡鸭鱼肉的消费也集中在各种节日期间，对家电的消费大部分是在新人结婚时购置。此外，与城市居民选择在劳动节、国庆节、元旦等节假日结婚不同，农村年轻人却很少选择在这些节日结婚，他们一般将结婚时间选择在秋冬农闲时间，尤其是腊月。一向勤俭节约的农村居民，在举办婚礼时期，即使借债，也会为新人购置家电等大件消费品，节日期间也会比平时更注重吃、穿、用等方面的消费内容。

（5）农村消费者有着自己独特的消费心理。农村居民与城市居民在消费习惯、消费观念上有很大差异，主要表现为农村消费者对品牌的认知度不足，品牌缺席的消费观念削弱了大众传媒的力量，广告效应难以奏效，再加上村民与农村市场零售终端的邻里关系，人情往来，使经常性赊欠成为一种习惯，致使农村市场的零售终端存在主导性强的特点，农村零售市场老板的强力推荐大多会使该产品获得不错的销售业绩。此外，农村消费者攀比心理严重，往往更注意邻里的消费倾向，一个大家信赖的人对某种产品推荐的效果，其影响力远大于广告效应。农村居民的居住特点导致串门是茶余饭后的一种经常行为，因此口头传播也是农村信息传播的主要途径。

（6）就业结构的改变驱动农村消费群体发生变更。近些年来，随着我国经济发展水平的不断提高，农村青壮年相继走出家门，背井离乡，外出务工，他们中的很多人已经长期生活在城市或在异乡定居。国家统计局农村司撰写的《2009年农民工监测调查报告》数据显示，中国农村外出农民工总量为1.4041亿人，由住户中外出农民工与举家外出农民工两部分构成，其中住户中外出农民工数量为1.1182亿人，举家外出农民工数量为0.2859亿人，这些农民工已基本融入城镇生活，可视为未取得户籍的城镇人口。因此，除了春节外的大部分时间，留守在家的老人和在家读书的小孩构成了在农村消费的主要群体，而这些人的购买力有限，制约了农村零售业的进一步发展。

（7）农村消费者的收入水平不断提高，消费结构不断升级。随着社会生产力的快速发展及人们收入水平的提高（见表2-2），农村居民对消费品的需求不断变化和提高，而且变化速度不断加快。例如，农村消费者对"行"的需求就经历了一个由步行、自行车、摩托车向低档小汽车的转变，个别家庭甚至购置了中档轿车；农村消费者对服装的需求也由简单满足遮体避寒发展到注重服装的款式、色调和造型，从"美"的角度加以审视商品；对化妆品的需求也由无需求到简单需求再到稍高档需求发展。统计数字显示，我国农村居民的恩格尔系数由2003年的45.6%下降为2011年的40.4%，表明在经济结构不断从低级化向高级化演变、工业化进程和城市化进程加快推进的阶段，农村居民的消费结构也从以食品消费为主向以工业产品和服务性消费为主转变，服务性消费的比重持续上升。

表2-2   2005~2011年农民年均收入增长

年　份	纯收入（元）	比上年增加（元）	比上年名义增长（%）	扣除价格因素影响比上年实际增长（%）
2005	3255	—	10.8	6.2
2006	3587	332	10.2	7.4
2007	4140	553	15.4	9.5
2008	4761	620	15.0	8.0
2009	5153	393	8.2	8.5
2010	5919	766	14.9	10.9
2011	6977	1058	17.9	11.4

2.2.2　中国农村零售组织分析①

以往我国农村的零售业一直被供销社和国营商业所掌控，然而随着商业体制改革的不断深化，这些组织也逐步退出了历史舞台，取而代之的是以个体经营为主的夫妻店、杂货店、农家店等（李亚春、黄忱，2011）。但是在有些经济发达的农村地区，特别是城镇化水平发展较高的地方，也出现了超市、连锁店及专卖店等零售业态，虽然它们短期还难以主导农村零售业，但长期来看，这将是农村零售业发展的方向，代表了农村零售业的未来。本节将从中国农村零售组织的传统经营模式与当前发展状况两方面进行论述，描述农村零售组织现状，分析农村零售业创新的现实环境。

2.2.2.1　中国农村零售组织的传统经营模式

国家放开计划经济体制下对于农村零售商业的管制后，我国农村零售业主要有以下三种经营模式，分别为小型杂货店模式、流动商贩模式和定期集市模式，这些模式成为农民消费购物的主要平台，对繁荣农村经济起到了至关重要的作用。

（1）小型杂货店模式。这类模式的运营形态主要为夫妻店、便利店、小卖部、地摊式，销售商品主要为农民日常生活用品。这些小型杂货店经营模式简单，大部分不办理任何手续，只是进城采购一些价格相对廉价的商品，加价卖给村民。这种模式相对灵活，但也伴随了一些问题，第一，商品质量无法保障；第二，商品的连续供应没有保证，经营者考虑到需求量和进货成本，往往在某种商品售完后不能及时补货；第三，商品种类很不齐全，经营者通常通过减少采购品种，降低贮藏成本，提高利润空间。

① 这里的零售组织既包括具有独立法人资格的零售企业，也包括个体零售业户开设的零售店铺，如夫妻店、杂货店、农家店等。

（2）流动商贩模式。这种模式是指农村经营者用汽车或三轮车及其他交通运输工具将商品运送到村里进行售卖。这类流动商贩隔段时间就会来一趟，一些流动商贩几乎一年就来一趟，例如，到了瓜果熟的季节，他们就会载着很多水果去村里流动售卖，而有些流动商贩会每天都推着车子在农村售卖蔬菜、冷饮；还有卖油盐酱醋之类的，村民一般一次购买可以食用一段时间的数量。这种流动模式虽然为村民提供了方便，但也存在很多问题：首先，这种模式带有很大的主观性，去哪儿售卖或者什么时间售卖都由流动商贩自己说了算，假如天天去村里卖馒头的商贩突然有一天没来，那么这一天这个村里的很多农民就吃不上馒头了；其次，商品质量纠纷难以解决，因为流动商贩的流动性，售后出现的一些问题无法及时处理；最后，由于运输成本和经营成本的限制，他们经营的商品种类单一，并且经常会因为价格问题产生恶性竞争。

（3）定期集市模式。农民大部分购买需求是通过赶集这种模式来满足的。集市通常在固定的时间和地点出现，每个区域都有规模不同的集市，届时附近的居民都会纷至沓来进行商品交易。集市模式的商品比小型杂货店和流动商贩这两种模式都齐全，从食品到衣物，从农用物资到各种服务，几乎应有尽有。定期集市也存在明显的缺陷：由于农村基础设施建设水平低下，交通不便，导致农村消费者购物成本相对提高；另外，集市容易受到恶劣天气的影响，致使集市无法正常进行，农民的购买需求得不到及时满足。

2.2.2.2　中国农村零售组织的新发展

伴随着农村经济的发展、城镇化速度的加快以及农民收入水平的提高，传统的农村零售企业经营模式越来越不能满足农村消费者的要求。为此，国家已经出台了相关政策促进农村零售业的创新，一些企业也进行了有益的探索，这其中既有农村原有的零售企业，也不乏准备进入农村零售市场的城市零售企业。

2005 年 3 月商务部下发了《关于开展"万村千乡"市场工程试点的通知》，正式启动"万村千乡"市场工程，争取三年内使标准化农家店覆盖全国 50%的行政村和 70%的乡镇。目前，"万村千乡"市场工程已经取得了明显的成效，当年全国共有 1150 家流通企业在 777 个县市进行了试点，新建和改造农家店 7.1 万个。以安徽省繁昌县为例，该县于 2005 年 7 月全面启动"万村千乡"市场工程建设，到 2007 年年底共新建、扩建或改造乡村农家店 237 个，总营业面积近 2 万平方米，覆盖了全县 6 个镇 90%以上的行政村，受惠农民达 10 万多人。同时"万村千乡"市场工程建设的连锁店基本达到了标准化、规范化要求，对于农村零售业的进一步发展起到了引导性、示范性作用。"万村千乡"市场工程村级农家店建设和改造标准如表 2 - 3 所示。

表 2 - 3　　　　　"万村千乡"市场工程村级农家店建设和改造标准

组合要素	特　点
店铺选址	中心村或人口相对密集（300 人以上）的自然村
商品管理	经营商品种类在 300 种以上，品类范围宽广；以日常消费品为主，鼓励其从事政策允许的农畜林产品的购销业务；确保商品质量，不得销售伪劣、过期、变质商品
商品价格	执行国家物价管理政策，所有商品应明码标价
店铺环境	营业面积应在 10 平方米以上；店堂内进行简洁装修，墙壁及地面便于清扫和刷洗，店内通风、明亮

城市零售市场的渐趋饱和以及城市零售企业之间的竞争日益激烈，大量的城市零售企业纷纷将目光转向了农村，积极探索进入农村零售市场的途径，并取得了巨大的进展。以江苏苏果连锁超市公司为例，该公司 2005 年的销售额为 181.2 亿元，其中县及县以下店的销售额 95 亿元，占总销售额的 52%。营业网点达到 1508 个，其中县级店 274 个，乡级店 469 个，村级店 136 个（吴佩勋，2008）。

原有的农村零售企业受自身经营劣势的局限及外部环境的剧烈变动也积极做出调整，或者选择加入"万村千乡"工程的改造；或者加盟连锁超市的，如前文提到的许多苏果加盟店的前身就是原有的农村零售店主；也有一部分农村零售企业积极探索新的经营模式，实现自身的升级改造。

2.2.3　中国农村零售业存在的主要问题

尽管近年来我国农村零售业取得了不小的进步，然而，农村零售市场的发展仍然不太乐观。在我国大部分农村地区，零售业缺乏主渠道，90%的县级以下市场被个体经济和私营经济掌控，流通组织数量多但分散，进货渠道杂且乱，加上一些私营业主法制观念淡泊，导致农村市场秩序混乱、环境差，商品质量良莠不齐，严重影响了农村居民的生产秩序，限制了农村居民生活水平的提高。具体地说，我国农村零售业存在以下问题：

（1）零售商品档次偏低，部分消费需求得不到满足。由于农村零售市场基础设施有限，零售商经营条件较差，农民购物偏向于廉价商品，农村零售业经营的商品虽然品种多样，但多属于低档次的日用消费品，且不同商家经营品种雷同，中高档次商品极少。实际上，农民消费水平在总体上比较低的情况下，也有相当一部分农民进城务工、经商、办实业挣了不少钱回家过年的，他们受到城市消费潮流的影响，希望得到中高档次的消费品而不能从当地零售市场得到满足。

（2）从业人员素质不高，服务水平低。农村零售业从业人员多数为当地城镇居民和农民，由于文化水平有限，他们缺乏经商必备的科学文化知识和专业技能，对于顾客的心理、顾客的需求、顾客的价值知之甚少，习惯于在传统的一手交钱一手交货的交易行为中，赚取利润，不能为顾客提供满意周到的服务。零售商业的社会功能、精神文明建设的功能无法实现。

（3）市场秩序混乱，政府疏于管理。农村零售网点缺乏规划，乡镇一级的零售网点普遍存在"小、散、乱、差"现象；商品陈列不规范，商家经营的商品随意堆砌；卫生条件差，即使春节期间，许多商品也是灰尘满面；副食品经营缺乏卫生保障，存在着比较严重的卫生安全问题；假冒伪劣商品充斥市场，假酒、假烟、假名牌随处可见，甚至出现假农药。安徽省繁昌县平铺镇某农民曾两次购买假农药和劣质化肥，导致庄稼严重歉收（杜金华，2010）。

（4）农村零售业态传统，规模小且组织化程度低。由于农村市场需求分散，批量较小，且大多地域偏远，交通不便。商品流通企业在分散无序的农村市场面前或犹豫不决或不屑一顾，国有流通企业在农村的零售网点极其薄弱（拓丽丽，2006）。农村零售网点地区差异大，中西部地区每万人口拥有的零售网点和从业人员分别比东部地区低34%和36%。供销社系统基本上是农民组织商品流通的主渠道。随着市场竞争加剧，供销合作社多实施柜组承包，农村市场几乎成了个体经营者的天下。加之零售业的进入门槛低，造成农村市场低层次个体商业急速增加，企业规模小，使得零售业的集中度低，零散度高达90%以上，产业竞争力相当低。这种零售业态虽然为当地农民生活提供了一定便利，但造成农村零售业竞争力偏弱，在发展上自生自灭，在布局上散乱无序，在进货上渠道单一。由于经营方式落后，管理缺乏科学性，其自身的局限性和致命弱点决定了农村零售业根本无法满足农村消费者对商品质优价廉的最基本要求，更不能满足我国发展社会化大生产、大市场、大流通的需要（杨文兵、陈阿兴，2004）。

总而言之，虽然我国农村零售业有了显著的发展，但城乡发展水平仍然存在很大的差距，农村零售业态陈旧，流通服务业技术落后，与城市相比还有很大差距，在今后相当长的一段时间内农村流通服务业仍然是我们需要突破的重点。因此，农村零售业态和经营方式还有待提高和改革，农村零售业的创新和发展已经成为势不可挡的趋势，解决农村流通业态的陈旧问题迫在眉睫。

第3章

中国农村零售业创新系统构建：
一个理论模型

3.1 中国农村零售业创新动态系统的内涵

中国城乡二元经济结构特征明显，农村与城市相比，在社会、经济等众多方面的发展水平相去甚远。农村市场的发育程度低、容量小，现代流通业态和流通市场体系尚未形成，零售网络不健全，渠道也比较混乱。由于农村零售环境和条件的特殊性，农村零售业的创新面临巨大的挑战和阻力。从农村零售创新的含义上看，与一般的创新概念相比，农村零售创新具有以下三个较为鲜明的特点：第一，农村零售创新的主体多元化。随着农村零售业国营合作社一统天下的局面被打破，农村市场流通主体开始逐步实现多元化。一方面，农民合作经济组织进入流通领域，国有企业，粮食和供销合作社也成功实现了转制，建立了新的经营机制，真正成为市场主体；另一方面，一批现代大中型零售企业进入农村市场，成为开拓农村市场、增强流通企业活力、推进企业创新、建立和改造农村消费品流通体系的主力军（单丹，2007；庞毅，2007），成为农村市场的重要主体，农村零售环境复杂多变，零售主体分散多元，因而企业不是创新的唯一主体。

由于农村零售创新对象的经济特性，政府、高校、科研机构也是新主体之一，但由于农村市场发展较滞后，这些主体对零售创新缺乏关注，因而在其零售创新多元化的主体中，农村零售企业因其对创新收益的追求而进行各种创新活动，所以居于核心地位。第二，农村零售创新的对象多元化。农村零售业发展处于初级阶段，零售创新体现在各个方面。不仅有技术、制度等能直接给企业创造收益的创新，还包括管理、组织、思想等一系列能间接创造收益的创新，衡量的标准在于能否直接、间接地为创新主体带来收益。零售业自主创新在外延上包括不可复制的核心要素、自主的知识产权、可持续的开发能力和强大的市场竞争绩效四个要素（汪旭晖，2011）。第三，农村零售创新能否成为一种持续性行为，取决于其是否具备健全的市场体系。农村零售市场的现代化程度低，流通网络不健全，渠道较混乱。市场的不健全成为农村零售发展的最大阻碍，导致零售创新难以实现。因此，改造传统落后的商业经营模式，完善流通网络和渠道，建立健全市场体系，是农村零售业发展的基础和保证，也是零售创新能否持续进行的决定性因素。笔者认为，农村零售业创新系统是在建立健全农村市场体系的基础上，以对农村零售技术、零售业态、服务模式、管理体制和组织结构等实施的创新性变革为目的，通过与政府、高校科研机构、金融体系等通力合作，在外部环境动态变化的影响下进行创新性活动所形成的有序循环系统。

3.2　中国农村零售业创新系统的结构

创新理论的研究表明，创新是创新主体与其外部因素相互作用的复杂过程，创新作为一种技术发展的方式，其内部由众多因素构成，这些因素相互作用、相辅相成，构成一个有机整体，形成创新的动态系统。而作为创新系统的重要组成部分，零售业创新系统是创新主体为了完善零售市场，建立良好的流通体系，实现预期的零售绩效，为促使零售业发展，由相关的机构、组织和实现条件所构成的网络体系。其中，直接和间接从事创新活动的组织和机构是创新系统的核心部分，主要由政府、企业、公共研究和开发机构、教育与培训机构以及金融机构五个部分结合而成，各部门分别具有不同的功能，提供不同的服务，承担不同的责任；而影响创新主体行为和创新实现的各种环境因素是创新系统的外围要素但是不可或缺的要素，主要包括经济发展水平、研发经费、科研人员、对外开放、政府政策、科研体制与人文环境、法律制度和基础设施，这些因素从不同的层面对创新行为和实现程度产生影响。农村零售业在特定的环境下，其创新系统既遵循创新理论，又具有其特殊性。农村零售创新系统也是由内部要素和外部环境要素两大部分构成。前者包括农村各类零售企业、政府部门、高校和科研机构、金融机构以及其他辅助机构。其中，农村各类零售企业是零售业创新的主体，而政府部门、高校和科研机构、金融机构通过各种形式对其进行辅助和支持。后者包括经济发展水平、科研体制与人文环境、流通渠道、法律制度和流通基础设施。在内外部因素共同作用下，形成了业态创新、管理创新、营销创新、物流创新、政策创新等子系统，这些子系统相辅相成，共同推进了零售市场的创新。子系统的有效运作，是有效利用农村有限资源，完善农村流通网络，建立健全农村零售市场体系的关键。

3.2.1　中国农村零售创新系统的主体构成

3.2.1.1　零售企业

近年来，随着农业和农村经济的发展，农村零售市场主体日益多元化，逐步形成了多种所有制、多种组织形式、多种经营方式的流通组织体系。目前，农村既有夫妻店、代销店与集贸市场等传统流通业态，也有连锁超市、便利店等新型流通业态（胡保玲，2008）。以这些业态为主的零售组织是农村零售创新中的中流砥柱，只有通过它们自身的创新行为，不断调节企业策略，适应农村复杂的市场环境，才能推动农村零售系统的创新和优化。而在本书研究农村零售创新动态系统时，我们主要关注的是那些具有独立法人资格的零售组织，即零售企业，它们是农村零售创新系统内部构成中最重要的主体要素。

能造就高新技术产业并使新技术产业化，即技术创新的驱动力量，主要是企业家和企业。所以企业在技术创新中具有关键作用，是技术创新的主体（陈林生，2006；冯之浚，2006）。零售企业通过生产创新产品、提供创新服务、创造就业等方式，推动我国农村区域经济的发展，是农村零售创新市场的中坚力量。而由于农村市场基础薄弱，信息技术又是其最薄弱的环节，这就要求零售企业成为技术创新的主体，通过高效的资源利用和整合，以信息技术作为突破，完善农村零售市场的现代化，建立农村市场体系的网络化，从而直接实现经济价值。

冯之浚（2006）的观点：企业是进行创新选题、决策、融资、集成整合、风险承担和收益的主体，这一主体地位决定了它在技术创新体系中应发挥重要作用，也只有确立企业作为技术创新主体的地位，才能真正实现科学技术成为第一生产力。从农村的视角来看，由于经济落后，基础设施薄弱等限制性因素的存在，农村零售企业还存在不少小型便利店等初级形式的业态，但超市、连锁店及专卖店等业态日益增加，这为技术创新奠定了基础，这些企业在业态创新、管理创新、营销创新等方面发挥着主导作用。一方面，零售企业投入相当的科研经费，促进科研开发，加大科研成果的转化力度，成为农村零售创新的主力军；另一方面，零售企业又要从自身所处的外部环境和内部资源与能力出发，对其生产实践进行总结、筛选、调整企业在农村市场的策略，优化更新其经营模式和业态以适应农村的特殊情况，高效合理地将科研成果转化为生产力，增强企业的市场竞争能力，从而促使农村科技事业的高速发展和企业实力的迅速增强。在农村零售市场中，企业具有特殊地位，是最贴近市场的主体，它们在了解市场需求的同时，又有能力将创新成果转化为可持续竞争力。因此，我们认为，零售企业在农村零售创新内部要素中居于重要地位，是农村零售创新系统中最核心的主体。

3.2.1.2　政府部门

由于我国农村零售业现存的三种主要模式：小型杂货店模式、流动商贩模式和定期集市模式，这三种模式具有较大的局限性，已经无法满足农村居民日益增长的物质文化生活的需求。因此，农村零售业的创新不能仅仅依赖于农村零售企业本身，政府的力量在农村薄弱的市场基础及复杂的零售背景下显得尤为重要。政府是农村零售创新的重要组织者，通过规划、协调相关政策，服务引导等形式，为农村科技创新、资源开发以及基础设施建设等提供支撑，鼓励和引导农村零售创新主体，为改善农村零售市场现有条件，推动农村零售业现代化进程创造条件。而企业则应该在政府的引导下，根据农村市场的特殊需求，不断研制、推出新产品、新工艺，开发符合农民消费习惯的新市场，努力培养农民顾客的忠诚度，依靠自身的市场竞争能力获取经济效益。

鉴于农村零售业在流通领域的特殊地位，政府的行为往往直接影响着其创新系统运行的全过程，因此政府是其创新系统形成和发展的促动力量之一。具体而言，政府在农村零售创新过程中发挥着如下功能：第一，设计功能。创新系统是一个不断完善的过程，需要在运行过程中逐步补充和完善，使创新系统达到最优状态。而与城市商业相比，农村零售业受到的关注较少，农村商业无论从所占份额还是其见效程度上看，都还难与城市商业相提并论。这就需要政府发挥其职能，对农村零售行业的创新系统进行设计、调整和完善，使农村零售创新系统有效地运行。第二，指挥功能。政府不仅担负着设计农村零售业创新系统的重任，而且还负责为创新系统中其他主体成员的行动明确目标和路径，并进行有效的指挥，以保证自主创新系统各主体成员能够顺利向目标前进。通过制定农村零售业发展规划和提供公共服务来履行职责，对农村零售业态的发展进行整体规划，统筹考虑，使农村零售业态得到有序发展，为农村市场的零售创新提供强有力的支撑。第三，协调功能。主体多元化是农村零售创新系统的显著特征，除了零售企业本身，还存在着科研机构、金融机构等其他不可忽视的创新主体，各主体的行为目标有所差异，往往不可避免地会产生各种各样的冲突。因此，要在农村这个特殊的市场中协调运作，各司其职，政府的协调和引导功能必不可少。政府通过缓解冲突，将不利因素转换为有利因素来协调农村零售创新系统的内部活动，以保证其高效运行。第四，激励功能。农村零售业创新各主体成员的主观能动性和创造性使他们积极主动探索农村零售行业这一特殊环境背景下的创新，保证农村零售业的创新系统高效运作。政府对他们高度重视，把农村流通体系建设作为重点工作，离不开创新系统中各主体成员的支持和配合。因此，政府要通过有效激励，促使农村零售创新的顺利进行。

3.2.1.3 高校及其他科研院所

教育和培训机构的职能是培育专业技术人才，与传统创新体系相比，高校和科研院所在促进创新方面担负着培养本地区的专业人才、发挥本地区的人才优势的重要作用，是创新活动进程中不可或缺的组成部分，为创新活动提供相关的信息技术服务、决策咨询和评估鉴定等。作为零售创新系统的内部构成要素之一，高校和科研机构为农村零售业提供知识、技术、信息、人才等方面的服务，为零售创新系统的形成和发展做出了重要贡献，并发挥着不可替代的作用。

首先，高校与其他科研院所为农村零售创新提供了宝贵的知识资源。科学知识转化为经济效益，需要投入大量的人力、物力和财力，成本和风险都较大。对于大多数中小零售企业来说，在落后的农村市场环境和条件下，更不愿意承担创新的风险。而在 21 世纪，只有知识的创新才能带来最大的公共利益，引导创新系统的高效运作。因此，在知识经济时代背景下，高校与科研机构应承担此部分的科技研究责任，为企业的创新活动提供知识资源。作为科学研究、知识创新、技术开发主体的高校和科研机构，是创新系统中的创新源和知识库，为农村零售企业进行技术创新提供信息，通过将大量的科研成果应用于农村零售业创新，将其引导向现代化的发展方向。

其次，高校与其他科研院所为农村零售业创新提供人才资源。我国农村经济较落后，基础设施不完善，农村零售业发展滞后，农村建设迫在眉睫。这就需要大量优秀的人才支援农村，发展农村商业。高校与其他科研院所通过教学培育学生，为农村零售创新系统不断输送具有专业技术能力和创新思维的高素质人才。一方面，许多高校开始关注农村建设，对农村零售业的发展进行了大量研究，得到了丰富的科研结果，培养出具有专业知识的高素质人才，正是这些人，在农村创新系统中起到了带动创业和技术创新的重要作用；另一方面，高校和其他科研院所通过提供场所和设施，搭建起产、学、研的紧密联系平台，为企业的发展提供足够的空间和条件，促使高技术领域内私人和公共部门之间建立起广阔的网络，并通过提供研究生教育、网络教育和远程教育等服务，培训农村零售企业的员工基本专业知识。然而，高校与其他科研院所虽然与企业建立广泛联系并为其提供多方面支持，但他们对农村的零售创新是一种潜移默化的辅助，这种辅助不如政府那么强有力，也不能成为农村零售创新系统的枢纽和轴心机构。

3.2.1.4　金融及其他辅助机构

创新活动的特点是投入大、成本高、风险大，因而进行创新活动需要大量的资金作为支持，这就要求金融机构或风险投资者对此进行特别投资支持。我国农村市场发展缓慢，基础薄弱，资源十分有限，资金不足往往是农村零售业发展的巨大障碍之一。此外，由于农村经济基础薄弱，市场体系不很健全，融资渠道窄，零售企业很难自筹到足够资金或寻求到合作者进行融资，这也在某种程度上抑制了创新活动的开展。在这种背景下，金融及其他辅助机构作为农村零售创新主体在创新进行中便起到了巨大的作用。银行等金融机构可以为较大型的农村零售企业提供贷款，帮助企业理财，引导农村零售企业将资金合理地应用于创新活动当中。其他辅助部门如行业协会等可以在零售业发展创新中起到较好的指导、规范作用，并且能够及时将企业创新过程中遇到的问题反馈到相关部门，对农村零售创新系统起到良好的推动作用。

3.2.2　中国农村零售创新系统的外部环境因素

外部环境是零售创新核心要素系统存在与演化的必要条件，零售创新系统的运作和发展在很大程度上受到环境的支配和制约。一方面，核心子系统中的创新活动对环境具有一定影响；另一方面，环境对流通企业的创新活动又有很强的反作用，一个相对健康稳定的环境有助于推动企业自主创新的实施和发展。因此，环境与系统相互作用，相辅相成。零售企业处于开放式的环境中，环境的特点与性质发生改变，通常也会引起核心系统性质和功能的改变。同样，在零售创新系统的作用下，环境子系统也不可避免地受到影响。所以，核心子系统和环境子系统相互作用的结果，即其相互匹配适应的程度，对农村零售创新系统这个动态循环系统的功能发挥和高效运作具有显著影响。因此，零售创新核心子系统与环境子系统要相互适应，才能改善农村零售条件，构造良好的市场体系，促进农村这个特殊环境下零售业的创新活动。总而言之，农村零售业的发展与创新离不开良好的环境网络。只有具备了良好的环境网络，才能保证农村零售业如果想在现有的薄弱基础条件下，通过有效的创新活动，实现农村零售市场资源的优化配置，保证农村零售业长远的、可持续的发展，环境网络体系与零售创新高效有序的良性互动、彼此促进、相辅相成必不可少。具体而言，农村零售创新的外部环境由以下要素构成。

3.2.2.1　经济发展水平

经济发展水平是制约零售业创新能力的直接因素，只有在经济发展较快、人均生活水平较高的基础上，创新才会成为人们的追求，人们对创新的需求和投入才会有所增加。例如，发达国家的创新能力较发展中国家高出许多，主要是因为这些国家不论是 GDP 总量、人均 GDP 还是政府财政收入水平都非常高，国家和个人有足够的资金进行创新活动。而从我国国情出发，中国城乡二元经济结构特征明显，农村与城市在经济发展水平上存在着较大的差异。在农村，经济发展落后、农民收入与生活水平低，而这些问题又表现为农村市场的发育程度低，市场容量过于狭小，农村零售业发展较为缓慢。然而，虽然农村居民的低收入水平制约了其消费增长，限制了其购买能力，但随着国家对农村问题的重视，农村税费的逐渐减免以及农民相关产业迅猛发展，农村经济得到了快速的发展，农民的购买力逐渐上升，农村消费市场出现了回暖迹象。所以，农村经济发展水平的提高，给农村零售业创新提供了强有力的财政保证，是推动农村零售业创新系统的重要力量。

3.2.2.2　科研体制

农村零售业创新活动受到科研体制和人文环境影响。目前我国的社会主义市场经济体制发展不尽完善，公平竞争和讲究诚信的市场环境还未达到全面覆盖，适应我国国情的经济与科技互相促进的新型科技体制和运行机制还有待进一步完善。而农村零售市场由于自身条件和外部环境的限制，往往缺乏完善的科研管理体制，与农村市场经济的发展相脱节，这些都将严重阻碍农村零售业创新的进程。例如，科研体制的不健全，农村流通体系缺乏技术支持，流通成本高、渠道关系不稳定、渠道结构不对称，流通网络亟须优化整合。相对落后的农产品流通渠道建设一直是制约我国农产品市场快速发展的瓶颈。因此，加强科研体制的建设，保证农村零售业的创新系统，对于解决农村流通网络体系存在诸多的弊端，构建适应市场特征和经济要求的流通网络，解决零售业中间流通环节纷杂的现象，保障流通顺畅，为农村零售业的创新发展提供保障，奠定基础。

3.2.2.3　法律法规

法律法规对零售业创新有积极影响，它在保护零售创新主体的利益和积极性的同时，还能促使技术合理、有偿地扩散和利用。通过制定相关法规、规章、行业标准规范农村零售商业的运行，保护零售创新主体的合法权益。我国农村市场体系建设还处于初级阶段，各种规章制度不健全，这对农村市场的发展极为不利。制定相关法律法规，引导市场主体行为，打击非法行为，是零售市场规范化的必要条件，对农村这个相对混乱的市场体系来说更是必不可少的。此外，根据农村商业的实际需要，制定各种优惠政策，不仅能调动各创新主体的积极性，也能保证创新成果的所有权。因此，法律法规是农村零售创新体系的重要影响因素，对农村零售市场的改良、创新和发展起到引导和保护的作用。

3.2.2.4　基础设施

零售创新受到外部环境因素的制约，交通设施、通信条件等基础设施水平对其产生很大程度的影响，因此基础设施也是创新系统重要的组成部分。程雁、李平（2007）在分析了创新基础设施对我国东、中、西部地区区域创新能力的影响后，发现创新基础设施各要素有效推动了我国区域创新能力的提升，其主要传导过程是：公路等交通基础设施通过为农用车辆提供更好的服务，对生产要素和产品的流动起到了促进作用，从而推动了创新活动的开展。在我国，农村发展落后和城乡发展严重不协调的重要表现之一，就是农村基础设施建设严重落后以及城乡公共品供给高度失衡，其中基础设施建设和社会发展中的不公平问题尤其突出（单丹，2007；庞毅，2007）。因此，农村基础设施的建设，对于农村零售商业的发展创新至关重要。

我国农村商业基础设施薄弱，主要表现为农村供电环境差、电压不稳、收费昂贵，电视信号弱且不稳定、无自来水等原因，使得电视机、洗衣机等家电普及受阻。此外，交通不便是农村零售业发展不可忽视的障碍。一个地区交通状况对该地区经济发展具有重要作用，这种作用在农村地区更为明显。而在我国大多数农村地区，特别是偏远山区，由于地理位置偏僻，地方财政实力不足，致使包括道路在内的整个基础设施建设很不完善，农村零售企业缺乏通畅的进货和售货道路，更谈不上包装、加工、仓储、配送（李定珍，2007）。就我国目前农村公路发展而言，除东部的一些城市化水平较高、经济发展较快的省市，如北京、上海、广州等省市农村公路密度尚可外，其他省市的农村公路整体规模仍显不足，农村公路网密度偏低，这已严重阻碍了我国农村零售业的发展。据中国消费者协会的调查，31%的农村居民认为购买消费品不方便，37.12%的农村居民认为购买消费品不方便。

有专家认为，新农村建设的重点内容应该是为农民提供最基本的基础设施，不断改善农民的生存条件，并将这些最基本的公共产品和公共服务概括为："六通、五改、两建"。"六通"即：通路、通水、通气（燃料）、通电、通讯、通广播电视；"五改"即：改厕、改厨、改围舍、改校舍、改卫生所；"两建"即：建公共活动场所和建集中垃圾处理站。以上这些农村流通领域基础设施和信息服务设施的缺乏和不完善，不仅制约了农村居民的生活水平，而且加大了流通成本，制约了农村商品流通的正常发展以及农村零售创新的实践。因此，在农村这样一个特殊的环境背景下，只有加快农村道路的修建，改善农村交通状况，建立通信网络设施，完善基础设施，才能为零售业的发展创新奠定坚实的基础。

3.2.3 中国农村零售业自主创新的运行子系统

3.2.3.1 政策创新

政策创新对于零售创新来说是一种有效政策的产生过程，其作用主要表现在以下两个方面：一是有效降低零售创新过程中的不确定性，减少交易费用；二是激励创新。它是创新活动的制度保障及法律、法规和政策保障，能有效解决系统失效和市场失灵问题。政策创新是农村零售业创新的重要组成部分，好的政策可以对零售业起到积极的影响作用。农村零售市场政策创新的实施需要国家、政府和企业三方面的紧密合作，国家在大政方针的制定上需要依据农村特殊的经济条件和发展环境进行一定的创新活动，政府在制定政策时同样需要依据农村零售企业的特殊需求和条件进行某些方面的创新，以扶持本土企业的发展，并吸引大型零售企业进驻农村零售市场。农村各零售企业在制定内部规定、政策时同样需要审时度势，从农村零售环境和企业经营状况出发，创新性地制定出具有特性的，体现农村零售企业特点的，能够促进企业更快、更好发展的政策体系。

3.2.3.2 业态创新

业态创新是零售企业不断向前进步的重要保障，在不同的发展时期，适应零售业时代发展的业态创新，能给企业的发展带来巨大的动力。我国农村零售业应当找出与农村零售环境相匹配的业态模式，培育出适合我国农村土壤的新业态。随着农民收入不断增长、农民的消费观念和生活方式日益变化，农村现有的集贸市场、夫妻店、杂货店等传统业态形式已无法满足农民的消费需求，农村消费者对新型零售业态的需求日益增大。如何发展适合农民需求的新型业态等问题是农村零售业发展，也是社会主义新农村建设迫切需要解决的问题。市场主体的个体化，使得农村零售业的零散度高达90%以上，产业竞争力相当低，流通方式回归到了商品经营从进到销全过程可以"自给自足"的小农经济状态（张满林，2001；付铁生，2001）。我国农村零售业态亟须调整与优化，而新型业态以其创新优势具有较强的竞争力，是整个农村零售创新系统的基础与保证。因此，发展农村新型零售业态，能解决农村零售业高零散问题，有效利用零售企业经营资源，提高流通效率和竞争力。

3.2.3.3 营销创新

营销创新是零售业创新的重要环节，也是农村零售创新中必须解决的关键问题。农村零售市场具有特殊性，农村消费市场与城市消费市场对于同一促销策略的反映有着明显的不同，因此农村零售业促销策略创新并不能完全沿袭城市的促销策略。农村本地零售企业必须根据实际情况进行营销创新；而进入农村市场的大型零售商，则需根据农村市场的外部环境进行必要的修正，以适应农村市场的实际情况和农民消费心理。对于所有零售商来说，要想立足农村市场，占据一定的市场份额，必须增强其自身的基本功能，在适应农民实际需要的同时降低成本，在农民心目中树立质优价廉的高性价比形象。

此外，农村零售业经过多年的发展，已经形成了一套为广大消费者接受的促销手段，企业对于这些促销手段可以采取适当的创新，不需要完全抛弃。传播组合则要与农村消费者的偏好保持一致，将重点放在口碑传播、传单、店面标示上。促销方式可以将城市零售业采用的促销方式移植到农村零售市场，但不能仅仅是简单的复制，应该是一种本土化的调整。促销时间则要紧跟农村的淡旺季，紧紧抓住农村集会日与农闲时段，尽可能提高促销的效率。同时，借助城市零售市场与农村零售市场的流行速度差，企业可以适度延长产品销售的生命周期，将城市过季商品送到农村市场，以期获取更大的利润。

3.2.3.4 物流创新

随着我国农业和农村经济发展步入新阶段，农产品市场化程度和贸易自由化程度快速提高，对现代化农产品物流产生了大量的内在需求。但现阶段我国农产品物流发展的滞后性严重阻碍了农村零售市场的建设。农村物流的发展能够提高产品的附加值，增强产品在市场上的竞争力。农村物流体系的构建，农村零售物流的创新能推进零售业中各环节的密切结合，加快农村零售业现代化的进程。因此，我国农村零售业的物流创新要充分发挥和整合社会物流资源，在对现有农村物流发展情况分析的基础上，建设农村物流信息平台，在适应现有农村经济环境下，调整和规划农村物流的发展。

3.2.3.5 管理创新

管理体制创新是零售创新的重要组成部分，它涉及农村零售创新过程的所有创新主体，管理创新针对各个创新主体的管理模式与思路、人力资源结构、企业文化进行调整，其目的是有效提高各创新主体的运行效率，从而增强创新主体的创新能力。当前我国农村零售企业的一个重要问题就是管理体制没有形成一个完整的系统，许多企业的管理都存在较大的漏洞，缺乏科学性、效率性。管理体制创新可以突破原有的、较落后的农村管理经验，从零售企业的实际出发，制定出符合自身特点的管理体系，有利于在农村市场环境的大背景下，发挥不同的零售企业自身优势。例如，河北黄骅信誉楼百货集团（简称信誉楼），1984 年黄骅市楼西村村民张洪瑞带领一群农民开始创业，探索出一套可复制的百货连锁经营模式，其人力资本管理在百货企业发展中很有借鉴意义。经过 20 多年的发展，信誉楼已经在河北、山东等很多农村市场站稳脚跟，总营业面积近 20 万平方米，拥有16 个自营店，5 个加盟店。该企业的目标是：发展成为零售百货业的商学院，职业经理人的成长摇篮。张洪瑞致力于教学型组织建设，倡导用心学习工作，开心娱乐生活的企业文化，这样的企业文化对企业目标的实现起到了至关重要的作用。1988 年张洪瑞提出了"劳动股份制"，建成河北省第一家股份合作制企业，经过十多年的探索，于 2001 年通过的新的《公司章程》中提出了"货币资本依附于人力资本的股权设置方案"，并于 2002 年开始正式实施，该方案的构架是：全部实行岗位股，不同岗位授予不同的股权，岗位变动时股权随之变动，退休或离职，其股权全部按离退时的价值收回，以保证股权永远掌握在对企业有用的人才手里；不允许继承（包括创业者）；不允许个人控股。这种新的股权设置方案为信誉楼留住人才、吸引人才、人才储备发挥了重要作用，也进一步增强了员工的归属感，有效挖掘企业内部人才潜能，追求效率与公平、激励与约束的有机统一。

因此作为创新主体的农村零售企业应该积极探索管理上创新点，建立健全本企业的管理制度，形成一个高效、可持续发展的管理体系。同时国家、政府等机构做好积极的引导作用，辅助农村零售企业打破陈规、发展创新型的企业经营模式和管理体系。

3.3　中国农村零售业创新系统的运行机制

创新系统一般可包括三个层次，即微观的企业自主创新系统层次、中观的区域自主创新系统和产业自主创新系统层次、宏观的国家自主创新系统层次。本节所探讨的农村零售创新属于中观层次。作为一种复杂的开放系统，农村零售创新并非单因素创新，它需要各种因素共同作用。环境因素在自主创新过程中发挥的作用至关重要。耐尔森、维特尔和达西（Nelson、Winter & Dosi）认为，一项技术创新与其他一些技术创新之间不是离散存在的，创新与环境之间存在着非常密切的关系，人们不应该孤立地看待某个创新，而必须在不断发生改变的环境及技术结构的基础上研究技术创新。因此，政治、经济等这些企业之外的因素"结构性的决定着"创新，人们不应该在特定的结构下研究特定的创新。在农村这个特殊的经济、技术格局下，国家的政策环境以及支撑结构对零售企业创新有着更为深远的影响，创新的过程更多地融入了其他因素的影响，更趋动态化、集成化和综合化。因此，我国农村零售创新系统应遵循以下运行机制：在企业、区域、产业或国家的发展战略指导下，首先确立农村零售业创新目标，从目标出发进行创新设计，设计创新要达到的主要功能、指标和参数等。然后扫描存量技术，根据农村零售企业具体状况确定创新的方式，最后将这些方式应用于企业的业态创新、管理创新、营销创新、物流创新等各个子系统（见图 3-1）。

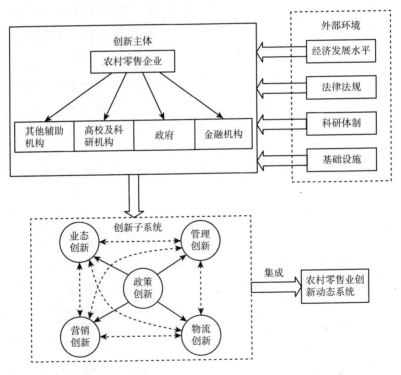

图 3-1 我国农村零售业自主创新的运行机制

3.3.1　各个创新主体要相辅相成、通力合作

首先，政府应该发挥其在农村零售业中的主导作用。我国农村零售市场处于初级阶段，设施陈旧，质量较差，服务有限，而政府是制度的主要供给者，承担着对农村零售业发展进行整体规划，统筹考虑的重任，有效发挥政府在区域创新系统中的功能，努力履行政府在农村零售创新中的职责至关重要。在农村零售业创新系统发展的不同阶段，政府的地位、功能侧重点也不尽相同。在创新系统发展初始阶段，也就是目前农村零售创新阶段，政府主要担当着设计和指挥的角色；随着创新系统的逐步完善，政府须及时"归位"，即回到其辅助者的定位，主要承担协调功能和激励功能，将创新系统发展的支配权交还市场。此外，由于农村市场外部环境的复杂性和农村零售企业内部资源能力的匮乏性，在创新的过程中，政府的作用既不能被片面夸大，充当农村零售创新系统的领导者，对其组织的运行进行干预，造成政府功能"错位"；也不能忽视对创新系统建设的监管，导致政府功能"缺位"；更不能无视其他创新主体，对这些主体施加行政压力或增加额外负担，出现政府职能的"越位"。政府部门找准在农村创新系统中的功能定位，才能对自主创新系统起到积极的作用。

其次，高校及科研机构根据知识的供给驱动或企业的需求牵引提供创新所必需的专业技能、知识和具有创造力的人才，并经常进行信息交流及创新成果的鉴定与转化。因此，农村零售业创新体系的顺利运行，要求增强科研院所、高等院校和企业的创新能力。而要发挥这些科研机构的作用，就必须加强政府和企业与这些部门的合作，利用高校等机构在人员、设施方面的优势辅助农村零售企业进行创新。

再次，金融等辅助机构要加强对农村零售业创新的支持。农村零售业基础薄弱，发展也不够规范，因此企业的创新过程，特别是农村零售

业的创新是一个高风险相伴的过程，创新项目一般都具有建设周期长、资金投入大、潜在风险高等特点。而我国企业风险管理机制不健全，农村零售业面临金融机构信贷品种单一，企业面临担保困难、金融机构贷款授信难等问题。因此政府要鼓励在农村设立创新风险投资基金，使金融机构应与各类农村的零售企业建立稳定的银企关系，对创新活力强的企业予以重点扶持。通过金融机构与企业的合作达到资金充足并降低风险的目的。

最后，作为核心要素的农村各零售企业要肩负起自主创新的重要使命，要积极探索适应我国农村市场的新技术、新服务、新业态，通过与其他辅助机构的合作来完成各个领域的自主创新。

3.3.2 创新子系统之间要相互结合、协调发展

我国农村零售创新系统包括政策创新、营销创新、业态创新、管理创新等多个子系统。政策创新是各创新子系统的连接点和中心点，其创新效果影响到各个创新子系统。因此要充分考虑我国农村零售业发展的现状、问题，只有认识清楚、分析到位，才会使今后政策创新能够做到有的放矢，创新才有了意义、有了发挥作用的真实空间。而业态创新是我国农村零售创新的基础。由于农村存在交通硬件、购买需求、季节依赖等方面的特殊条件，现有的零售业发展模式已经无法满足经济发展和人民生活的需要（贾钦然，2010）。我们需要的是研究什么样的新型零售业态更适应我国农村市场需求，改造农村现有商业网点，提高其组织化程度，降低农村市场流通成本和农村居民消费成本，为农村零售业的发展寻找新的空间。管理创新上，要用一种新的经营思路重新组合农村零售企业资源，良好的资源整合往往会产生"1＋1＞2"的效果。同时要把学习放在首位，提出新的管理方法。可以借鉴国内外相关企业在管理上的经验并寻找适用于农村零售企业的管理方式加以实践。我国农村零售企业要适应现代市场经济变动，

在不断变化的市场中寻求管理模式的改进以保持创新的生命力。最后，农村零售企业的创新不是孤立存在的，企业要有重点的选择适合农村市场的创新点，既不能盲目地启用所有创新子系统，也不能过于单一，要根据外部农村零售环境和内部企业自身的资源能力找到适合企业自身发展的创新点，集中力量进行创新。

第4章

中国农村零售业创新的影响因素

4.1 中国农村零售业创新影响因素的理论解读

关于中国农村零售业创新的影响因素，我们将其划分为外部环境因素与企业自身因素两大类，这两大类因素均在一定程度上对农村零售业的创新产生重要影响。

4.1.1 外部环境因素分析

4.1.1.1 农村地区的政策环境

改革开放之前，我国一直实行计划经济体制，供销社一统天下，民营企业、外资企业均不允许染指这一领域。由于物资匮乏，农村零售市场长期处于卖方市场，加之缺少竞争等原因，农村零售业几乎没有创新可言。

经过多年的市场经济体制改革，我国农村地区的零售环节已经成为符合市场经济运行要求的流通体制，具体体现在企业的所有制性质、经营方式、运行机制和零售领域的商品流通方式四个方面。随着市场经济体制改革的不断深化，计划经济体制时期国营商业一统天下的局面被打破，农村零售企业出现了股份制企业、个体企业等多种所有制形式共存、竞争发展、共同繁荣的局面，零售企业所有制结构的变化引起了其商品采购与经营模式的变革，"流通环节固定"不再是唯一模式，每一个零售企业都有自主选择商品采购渠道的权利，初步建成了"多条商品采购渠道"的格局；从零售企业的经营方式看，企业改变了过去不能自主选择经营方式的管理模式，单店经营、连锁经营等多种经营方式共存，企业可以针对自己的实际情况选择适当的经营方式；从企业运行机制看，几乎所有的零售企业都在自主经营、自负盈亏的背景下，实现了自主跨地区、跨行业、跨环节经营；自主选择批发或者零售；自主选择进货渠道；自主选择经营业态、内容和经营方式；自主选择进入不同市场；自主决定销售价格。政府对零售企业的盈亏、生存与发展不再横加干涉，完全遵循市场机制的调节；从商品流通方式看，全国通畅的市场流通网络体系已初步建成。总之，经过多年的经济体制改革，我国农村零售业已经基本处于市场化管理体制，实行企业化运行机制，我国农村零售业的创新具备了良好的体制环境。

近年来，农村零售业的发展引起了各级政府部门的关注，相继出台了一些支持、培育、促进农村零售业发展的政策法规。例如，2005 年商务部正式启动的"万村千乡"市场工程对于农村零售市场网络的形成做出了重大贡献。当时商务部计划用 3 年时间，在试点区域培育出约 25 万家农家店，形成以城区店为龙头、乡镇店为骨干、村级店为基础的农村消费经营网络，以此缩小城乡消费差距。这样的扶持力度，在很大程度上支持了农村零售业的创新。

4.1.1.2　农村地区经济发展水平

零售业的发展在很大程度上受到当地经济发展水平的制约。居民收入的多少，反映着该地区居民的现实货币购买力与未来的市场潜力，对于零售业的创新具有较大的影响。以往的学者通过研究发达国家的零售业演变历程指出，人均 GDP 与零售业的主导业态存在着一定的联系，具体如表 4 - 1 所示。

还有一些学者在对发达国家连锁经营进行研究时发现，当某个地区人均年收入达到 250 ~ 600 美元时，连锁商业就会逐步兴起，当人均年收入达到 600 ~ 800 美元时，国家化连锁商业就会大规模出现。

表 4 - 1 人均 GDP 与主导业态的关系

人均 GDP	主导业态
1000 美元以下	百货商店
2000 ~ 3000 美元	超级市场
6000 美元	便利店
8000 美元	网络零售
10000 美元	仓储店
12000 美元	购物中心
15000 美元	精品专卖店

资料来源：http://content. businessvalue. com. cn/post/5223. html。

总之，随着我国农村居民收入水平的不断提高，对刺激消费欲望，促进购买力起到了很大的作用，这也从客观上推动了农村零售业态更迭的发展速度。但当前农村居民收入增长速度低于城镇居民，农村社会保障的缺失，农民在医疗、教育等方面的预期支出限制了农村消费的增长速度。具体而言，我国农村居民的人均可支配收入已经突破 1000 美元大关，理论上讲，传统的零售业态将会逐渐被淘汰，我国农村地区的主导零售业态应是百货商店，并且逐渐转向超市。现实情况也的确如此，在一些经济发达的农村地区，传统的夫妻店、杂货店、流动商贩已经渐渐消失，取而代之的是一些小型的超市、社区店。但是对于大部分农村地区而言，由于城乡经济发展水平仍存在较大差距，植根于城市的新型零售业态、营销策略、物流模式、管理手段等并不能为农村消费者所接受。因此，根据农村地区的经济发展水平不断创新零售业态、调整营销策略、重置物流模式、提升管理手段成为农村零售业创新的必由之路。

4.1.1.3　农村地区零售竞争程度

由于零售企业直接面对最终消费者，并且消费者的转换成本较低，所以零售企业经营的好坏以及与竞争对手的差距直接反映在当期营业收入上，而且还会危及公司在当地的后续扩张甚至公司整体的品牌权益。因而在较大的市场压力之下，零售企业只有不断创新才能比竞争对手更好地满足消费者的需求从而取得更大的市场收益。

在改革开放的宏观背景下，国有供销社不断实行改制，大部分民营企业进入零售领域，农村零售市场呈现激烈竞争的局面。特别是近几年来，许多实力强大的城市零售企业开始大规模地进入我国农村零售市场，对"土生土长"的农村零售企业形成了较大的市场竞争压力。

农村零售市场的竞争趋势主要表现在以下四个方面：第一，进入农村零售市场的城市零售企业与农村"本土"零售企业之间的竞争；第二，农村"本土"零售企业之间的竞争；第三，同类零售业态之间的竞争；第四，不同零售业态之间的竞争。目前，我国农村零售市场的平均利润率呈逐年下降的趋势，这一趋势导致农村零售市场向两个方向发展，一是各种业态的零售企业都向连锁经营模式转型，通过发展连锁分店的途径来扩张市场，提高市场占有率，增加企业的销售额，通过降低运营成本来提高企业利润率；二是促使农村零售市场的细分化，出现了诸如超级市场、专卖店、电子商务等多种新兴业态、多种经营方式并存的局面，零售企业只有不断进行业态探索以及经营模式的创新，甚至向其他领域拓展业务才能在竞争中立于不败之地。总之，伴随着市场竞争的渐趋激烈，农村零售业的新一轮创新势在必行。

4.1.1.4　农村居民的生活方式

商业的发展水平是现代人们生活质量的重要标志，也是生活内容是否充实的重要表现，它受当地居民消费倾向、理财观念和生活方式的影响。

很多研究表明，人们生活质量的深度和广度反映在当地销售商品的品种和质量、服务形式、店铺布局和业态上；人们消费观念的改变和生活质量的提高促使商家持续推出消费信贷、信用卡分期还款、媒体宣传、产品展示等促销方式；当人们需求出现多层次，开始向旅游、健身、娱乐等休闲活动拓展时，商业就会根据人们需求，拓宽服务领域、增加服务项目，为人们提供丰富多彩、愉悦身心的业余文化生活。为满足不同层次现代人对消费的需要，汽车银行、自动售货、网上购物和24小时便利店这样的新型商业形式逐渐出现。总体来看，居民生活方式的改变深刻影响着商业的发展道路。

改革开放以来，伴随着消费者收入水平的提高，农村居民的生活方式已经发生了翻天覆地的变化。农村消费者已经摆脱了以生存性需求为主的生活方式，生活质量不断提升。生活质量的提升往往最先体现在消费者对于零售业要求不断提高上，不仅对于零售商提供的商品种类、商品质量、商品品牌的要求不断提高，而且对于零售环境、零售服务的要求也日益高涨。但是现在，农村零售业的发展显然难以满足农村消费者的需求，农村零售业只有不断创新，才能真正实现新一轮的成长。

4.1.1.5 进入农村市场的城市零售企业发达程度

竞争对手的发达程度对于企业的发展具有显著的影响。一方面，经营良好的竞争对手在多年的市场运营过程中已经积累了丰富的经验，如果企业能够充分利用竞争对手的溢出效应，对于企业改善自身的经营表现具有明显的促进作用；另一方面，优秀企业之间的良性竞争有利于两者互相吸取各自的优点并加以整合，在此基础上进行突破性的创新。

当前，以大商、苏果为代表的一大批城市零售企业开始进军农村零售市场，为沉寂已久的农村零售市场注入了新鲜血液。城市零售企业不仅为农村零售企业带去了先进的营销策略、物流模式、管理手段，而且还为零售业态的创新指明了新的发展方向，带动了农村零售业整体的发展。例如，苏果超市在开拓农村市场的过程中，实施直营店带动加盟店的战略。一方面，利用直营店已经形成的品牌、品种、环境和供应链优势，通过建立旗舰店和样板店，吸引周边农村传统商业加盟苏果，实现加盟店在数量上的扩张；另一方面，实施层层推进，以南京为大本营，根据苏果物流配送和管理监控能力，首先在江苏、安徽两省的二、三线市场发展连锁网点，在取得市场认同之后，再把店铺选址在比较大的乡镇，之后进一步向下延伸，加快城乡一体化进程，提升农村商业管理水平（吴佩勋，2008），带动当地零售业的整体发展。

4.1.1.6　现代信息技术

现代信息技术对现代生活方式的改变随处可见，同样也为零售业创新提供强大的技术支持。互联网技术的应用使零售企业可以对分布在各地的分店发布指令，收集信息，分析资料，以便迅速做出正确决策。信息技术的进步实现了连锁商店总部对其分布在世界各地的分店进行系统管理，重要商情可以在几秒钟内在总部与分店之间交换意见。各种运输技术手段的进步，使得货物运输的成本降低，效率提高，如大型集装箱运输，海陆空联运等。正是信息技术和交通运输技术的不断进步，实现了连锁总部对其分店的实时控制，远程指导和支持。因此，是否能运用现代科技手段武装零售业是其能否提高核心竞争力的关键因素。

现代信息技术对零售业的促进作用主要表现在以下三个方面：一是提高效率。现代信息管理技术可以帮助零售企业提高管理效率，实现零售企业的规模化经营。因此，现代信息技术的缺失难以造就规模化的连锁经营企业；二是增强经营能力。随着人们生活水平的不断提高，对健康的重视程度逐渐增强，食品安全问题越来越得到普遍关注，对食品经营企业的卫生环境、保鲜技术、环保条件等要求越来越高，而这些要求的实现有赖于现代科学技术水平的提高，各项先进技术如冷链技术、包装技术等的改善，对于提高零售企业的竞争力提供技术支持。三是改变经销方式。截至目前，现代科学技术已经对零售企业的经销方式产生了三次影响：第一次是"网络销售"改变了几千年来零售业单一传统的"有店铺"销售方式，"无店铺"销售方式应运而生；第二次是现代信息技术为零售企业提供了全新的"无纸交易"方式，为零售业的订货、采购、结算业务提供了便捷；第三次是现代销售机器的出现，方便了顾客自助购物，满足了顾客的多种消费需求，同时也大大降低了零售企业的运营成本，提高了零售企业销售方式的多样性。

互联网技术为代表的现代信息技术水平的不断提高以及仓储、运输、保鲜、加工、包装等现代科学技术手段不断应用于农村零售业，现代科学技术对我国农村零售业的演变与发展起到了越来越大的促进作用，甚至对零售业的演进产生了革命性的推动力量。

4.1.2 企业自身因素分析

4.1.2.1 企业规模

自从熊彼特提出技术创新理论以后，究竟多大的企业规模和哪种市场组织形式是对开展创新活动最有利的，始终是经济学家关注的焦点。"熊彼特假说"提出：由于创新活动需要源源不断的利润支持，而大企业在规模经济、风险分担和融资渠道等方面具有相对优势，因此，比小企业拥有更强烈的创新欲望。同时发现垄断型市场结构对于技术创新更为有利，即企业规模和市场结构对创新存在一定的显著影响关系。之后的很多研究验证了"熊彼特假说"，Demsetz（1969）在修正阿罗模型两个假设条件基础上，证明垄断条件下的创新激励可能会大于竞争条件，Kamien、Schwartz（1970）采用德姆赛茨模型对不同产业进行了比较，得出的结论是：产业需求曲线弹性越大，创新激励越大，且需求曲线弹性相同的情况下垄断者创新投入较多。Blundell（1999）等运用 1972～1982 年英国 340 个制造业企业的面板数据研究发现，垄断企业与一般企业相比，拥有更强的研发激励，再加上对行业状况深入了解等优势，其创新活动更具效率且成功概率相对较高。

在零售领域，熊彼特的技术创新理论依然具有高度的适用性。零售领域的创新主要集中在业态创新、营销创新、物流创新、管理创新、技术创新、品牌创新等几个方面，每一个方面的创新都有可能为零售企业乃至整个零售业带来翻天覆地的变化。由于零售企业的经营风险相对较大，竞争对手之间的竞争相对激烈，资本实力较弱、品牌影响力不足的小型零售企业往往选择放弃创新活动以规避不必要的风险、在行业内扮演追随者的角色。大型零售企业一方面拥有足够的资源保证自己能够实现零售领域的破坏性创新以不断推动零售业的长期发展；另一方面大型零售企业的品牌优势还有利于自己的创新更容易被消费者所接受。所以，零售企业的规模对于企业个体与行业整体的创新具有重要的作用。

当前，农村"本土"零售企业的规模相对较小，实力较弱，创新力严重不足，这对于农村零售业的创新无疑是一个巨大的障碍。但是，随着城市零售企业逐渐进入农村零售市场，针对农村零售市场的创新将成为其开拓农村市场的一大重要任务。城市零售企业借助在城市零售市场积累多年的经验、知识、资金、技术、品牌等，能够根据农村市场的需求进行系统性创新。这种创新随着外溢效应流入其他企业，从而有利于农村零售业整体的发展。

4.1.2.2 企业学习能力

零售业的创新还取决于创新系统内部成员的学习能力，即零售企业能否有效地获取外部知识、将从外部获取的知识有效转化为企业核心技能并将其快速应用于组织内外。如果系统成员的学习能力较强，则新知识、新技术能够快速普及至全行业，转化为行业内的生产力，带动行业整体的创新。但是如果企业学习能力普遍较弱，即便是行业内出现了个别翘楚，也只能是企业个体的成功，很难实现行业范围内的进步。

目前，农村"本土"零售企业的学习能力较弱，很难直接吸取城市零售企业或者是同类翘楚的经验转化为自己的核心技能。相反，城市零售企业凭借多年的运营经验与知识积累，能够很好地总结农村"本土"零售企业的经验与教训，充分利用竞争对手的外溢效应，实现自己的创新。因此，提升企业学习能力，实现农村零售业的创新还有很长的一段路要走。

4.2 中国农村零售企业自主创新影响因素的实证检验

前一节主要从理论方面解读了农村零售业创新的影响因素，但是，不是每一项因素对于农村零售业的创新均有显著影响，这就需要进一步的实证检验予以解释。因此，本节以辽宁地区的农村零售企业为样本，通过深度访谈与实证检验相结合的方法，对于农村零售企业自主创新的影响因素进行了实证检验。鉴于农村零售创新系统成员的多样性以及彼此之间的差异性，本节只是选取了农村"本土"零售企业作为调查对象，并没有对进入农村的城市零售企业以及其他成员进行检验。同时，考虑到资料的获取以及观测的难易程度，本节只对其中几个因素做了检验，外部环境因素主要检验了区域经济发展水平、区域零售竞争程度、进入农村市场的城市零售企业发达程度，而企业自身因素主要检验了企业规模和企业学习能力。

4.2.1 研究设计

4.2.1.1 前期访谈

前期的研究以深度访谈为主。在这个阶段，我们选取了辽宁35家不同规模、不同业态有代表性的农村零售企业。被采访对象均为零售企业的高管或者是企业所有者，每个访谈大约进行 1 小时。主要目的是判断农村零售企业管理者对自主创新认识的程度，了解零售企业自主创新的成效，并探索管理者已经感知到的可能影响农村零售企业自主创新能力的因素以及这些因素的作用机理。例如，向企业管理者询问他所理解的如何对企业自主创新能力进行测量；当前竞争环境，企业有没有必要进行自主创新；近 3 年企业采取了哪些措施提升企业的自主创新能力；近 3 年企业的成长状况以及自主创新在企业成长中是否发挥了积极的作用；哪些因素对零售企业自主创新能力提高有影响，是如何影响的，这些因素分别属于外部环境因素还是企业内部因素。在征得被访人许可的前提下，访谈主持人员对访谈内容进行了现场录音，随后进行了文字整理，最后根据这些访谈内容撰写出定性研究报告。

总而言之，前期访谈基本能较好反映农村零售企业管理者对于自主创新的看法以及他们认为的提升农村零售企业自主创新能力的影响因素。

4.2.1.2　定量研究

（1）问卷设计。在深度访谈完成之后，我们开始进行初始问卷设计，问卷内容包括区域经济水平、区域零售竞争程度、进入农村市场的城市零售企业发达程度、企业学习能力、企业规模、企业自主创新能力、企业绩效 7 个变量 29 个题项。所有题项都采用 Likter7 级量表，由 1～7 分别代表了同意程度，如 1 代表"完全不同意"，7 代表"完全同意"。紧接着我们通过邀请 26 位农村零售企业管理人员对初始问卷进行了预测试，由于预试的样本数量比较少，不具备进行因子分析的条件，因此选择了国外研究中比较常见的"分项对总项（Item-to-total）相关系数"的方法来考察量表的构念效度。根据"分项对总项（Item-to-total）相关系数"应大于 0.35 的标准（Nunnally，1978），我们把相关系数低于 0.35 的题项删除掉，总共删除了 9 个题项，保留了原量表中的 20 个题项。留下的题项能比较客观地反映各自维度的内容，这样就形成了正式调查问卷，表 4-2 描述了研究使用的量表测量题项。

表4－2   量表测项设计

维　　度	测项数目	测项内容
区域经济水平	3	当地经济发展环境很好 当地居民收入水平很高 当地居民消费能力很强
区域零售竞争程度	2	当地零售业网点数量多 当地零售业网点密度大
区域城市零售 发达程度	3	当地城市零售企业数量很多 当地城市零售企业规模很大 当地城市零售企业品牌形象很好
企业学习能力	3	企业能够有效地获取外部知识 企业能够有效地将从外部获取的知识转化为企业核心技能 企业能够通过各种途径有效地应用组织内外各种知识
企业规模	2	企业资本实力很强 企业有效营业面积很大
企业自主创新能力	3	企业的自主创新能力很强 企业的自主创新能力比当地竞争对手更强 企业的自主创新能力比当地异业态企业更强
企业绩效	4	同主要竞争对手相比，贵企业的顾客满意度很高 同主要竞争对手相比，贵企业营业额增长的速度很快 同主要竞争对手相比，贵企业市场占有率很高 同主要竞争对手相比，贵企业投资回报率很高

（2）样本选择及数据收集。本研究分两个阶段进行。第一阶段，在2009年1～2月期间，组织东北财经大学工商管理相关专业的本科生利用寒假回家的机会在其家乡发放问卷进行调查。被调研者均为农村零售企业的中高层管理者。共发放调研问卷400份，有效回收率为76%，去掉部分内容填写不完整或者明显有误的问卷，最终有效问卷为271份。

（3）测量模型构建。我们将运用采集到的有效样本数据，验证各个不同要素对零售企业自主创新能力的影响以及农村零售企业自主创新能力对企业绩效的影响，测量模型如图4－1所示。

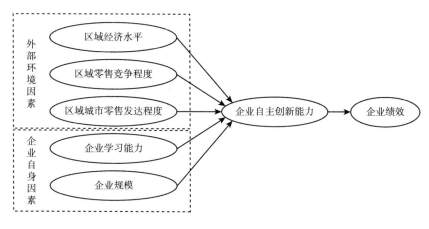

图 4 - 1　测量模型

4.2.1.3　数据分析处理

（1）信度及效度分析。我们利用 SPSS 16.0 软件，对数据信度进行检验，表 4 - 3 给出了 Cronbach's α 的检验结果。绝大多数潜变量的 α 值都超过了 0.7，区域零售竞争程度与企业规模的 α 值接近 0.7。所以我们认为量表具有较高的内部一致性，其测量结果是比较可靠的。

表 4 - 3　　　　　　　潜变量的 Cronbach's α 系数和 AVE 值

变量名称	Cronbach's Alpha	AVE
区域经济水平	0.831	0.588
区域零售竞争程度	0.692	0.765
区域城市零售发达程度	0.884	0.812
企业学习能力	0.728	0.785
企业规模	0.688	0.762
企业自主创新能力	0.844	0.764
企业绩效	0.910	0.582

利用 SmartPLS 2.0M3 软件对量表的收敛效度和判别效度进行了检验。结果发现，各个潜变量的平均提炼方差（Average Variance Extracted，AVE）介于 0.582～0.812 之间，均大于 0.5 的门槛值（见表 4－3），这说明本模型显示出很高水平的收敛效度。对判别效度的检验见表 4－4，模型中每个概念的平均提炼方差（AVE）的平方根均大于该概念与其他概念的相关系数，表明本研究中各概念之间具有良好的判别效度。

表 4－4　　　　　　　　　　潜变量的 AVE 平方根与相关系数

变量名称	区域经济水平	区域零售竞争程度	区域城市零售发达程度	企业学习能力	企业规模	企业自主创新能力	企业绩效
区域经济水平	0.767						
区域零售竞争程度	0.454	0.874					
区域城市零售发达程度	0.375	0.425	0.901				
企业学习能力	0.476	0.589	0.523	0.886			
企业规模	0.515	0.611	0.546	0.658	0.873		
企业自主创新能力	0.395	0.520	0.602	0.593	0.618	0.874	
企业绩效	0.443	0.536	0.489	0.501	0.633	0.618	0.763

（2）结构模型分析。借助 SmartPLS 2.0 M3 进一步讨论各个变量之间的因果关系，研究发现，外部环境因素以及企业自身因素都会对农村零售企业自主创新能力产生影响（见表 4－5）。

表 4－5　　　　　　　　　　路径关系检验结果

路径关系	标准化路径系数	T 值
区域经济水平→企业自主创新能力	－0.005	0.085
区域零售竞争程度→企业自主创新能力	0.127 *	2.324
区域城市零售发达程度→企业自主创新能力	0.280 ***	3.846
企业学习能力→企业自主创新能力	0.191 *	2.550
企业规模→企业自主创新能力	0.231 **	2.857
企业自主创新能力→企业绩效	0.618 ***	15.109

注：* 表示显著性水平 $p < 0.05$；** 表示显著水平 $p < 0.01$；*** 表示显著水平 $p < 0.001$。

　　在外部环境因素中，区域城市零售发达程度对农村零售企业自主创新能力的影响最大，标准化路径系数为 0.280，即意味着区域城市零售发达程度每提高 1 个单位，农村零售企业的自主创新能力就会提高 0.28 个单位，这充分说明了城市零售企业的进入对当地农村零售企业产生了较大的正向溢出效应，城市零售企业进入农村带动了当地农村零售企业技术与管理水平的提高。本研究进一步证明了城市零售企业进入农村市场带来的绝不仅仅是威胁与挑战；相反，巨大的溢出效应对当地农村零售市场活力的提升，对农村零售企业自主创新能力的提高大有裨益。本研究还发现区域零售竞争程度对企业自主创新能力也存在显著的正向影响，路径系数 0.127，这说明一定区域内零售企业竞争激烈程度的适度增加，对农村零售企业自主创新动力的增加有很大帮助，促使其提升自主创新能力。但是区域经济水平对农村零售企业自主创新能力的影响不显著。经济条件发展较好的地区，人口相对集中，居民收入水平较高，消费能力也比较强，这从表面上看具备促进农村零售业的发展条件，然而这样的"温床"，农村零售企业往往会滋生出创新惰性，自认为客流充沛，小富即安，无须变革，事实上对企业的自主创新反而产生了不利的影响。

　　在企业自身因素中，企业规模这个因素对企业自主创新能力的影响最显著，标准化路径系数为 0.231，这说明农村零售企业规模越大，对提升其自主创新能力越有帮助，这主要是由于农村零售企业的自主创新需要投入相当大的资本，而小型企业往往没有足够的资本用以支持这些创新，他们往往对自主创新感到力不从心。对企业自主创新能力的影响程度次之的是企业学习能力，标准化的路径系数为 0.191，这说明具备学习能力的企业能够有效地吸收融合外部的知识，进而转化为促进企业发展的企业自身核心技能，这是提高企业自主创新能力的重要条件。

　　本研究还证实了农村零售企业自主创新能力对企业绩效存在非常显著的正向影响，影响系数高达 0.618，也就是说农村零售企业自主创新能力每提高 1 个单位，企业绩效将提高 0.618 个单位，这点充分证明增强农村零售企业自主创新能力是提高零售企业绩效非常关键的途径。

4.2.2 结论建议

本研究用实证方法验证了中国农村零售企业自主创新能力的影响因素以及企业自主创新能力对企业绩效的影响。研究发现，有四个因素是对中国农村零售企业自主创新能力有显著影响的，分别是：区域零售竞争程度、区域城市零售发达程度、企业规模和企业学习能力，其中前两者属于宏观环境因素，后两者属于企业微观因素；同时企业自主创新能力与企业绩效之间存在着显著的正向相关关系。为了促使中国农村零售企业进一步增强其自主创新能力，提升自身竞争力，使企业能够在如此变幻莫测的经济环境中健康发展，针对影响中国农村零售企业自主创新能力的各项因素，我们提出以下几点建议：

（1）切实发挥城市零售企业的溢出潜能。城市零售企业进驻农村市场，虽然表面上看似乎迫使原有农村零售企业受到了一定的竞争压力，然而城市零售企业产生的强大溢出效应对促进农村零售市场的发展很有帮助。城市零售企业在经营管理、定价促销、氛围营造、服务策略等方面的先进经验都是农村零售企业可以借鉴的榜样，农村零售企业可以模仿，也可以批判的学习，从而实现再创新。所以在推进零售业放开的同时，积极引导城市零售企业溢出效应的最大限度地发挥是我们应该关注的重点。另外，我们还必须关注城市零售企业在一定区域内的垄断经营问题，因为零售企业的活力在很大程度上决定了零售业的活力，只有在规模各异、所有制结构不同的各个零售企业之间保持相互竞争、合作的前提下，企业的活力才能充分展现，而这时城市零售企业的溢出效应才能得到淋漓尽致的发挥。因此政府主管部门应通过调研等各项手段，针对当地实际情况，建立区域性城市零售损害预警机制，完善防范机制，通过立法或行政手段规制零售企业的恶意并购及市场垄断行为的发生。

（2）推动农村零售商业集群的健康发展。研究结果显示区域经济发展水平对农村零售企业自主创新能力几乎没有什么影响，而区域零售业竞争激烈程度对于农村零售企业自主创新能力来说则存在显著影响。因此在经济水平发展程度较高的地区，应该重视农村零售商业集群的健康发展，通过对商业网点进行合理规划、给予税收等优惠政策来引导多业态同时并存的零售商业集群有序、健康的发展，提高零售企业的网点密度，增强其竞争强度，这样做对于促进经济发达地区零售企业实现自主创新非常有利。而各级政府主管部门应将农村零售商业集群发展战略列入政府商业网点规划范畴，在基础设施建设、商业技术水平、公共用地以及信息平台等准公共物品建设上给予政策倾斜，为农村零售商业集群的迅速发展创造良好的发展环境。但是在某个特定地域范围内，农村零售商业集群的数量并不是多多益善，而应该科学发展。所以政府部门应致力于推动产、学、研的有机结合，充分利用当地高等院校和科研院所的研究能力，进行商业饱和度指数测评，以便对商业集群定位、选址布局、规模、业态构成等方面予以规制，从而不断推动农村零售商业集群的健康发展，促使其在市场经济建设过程中发挥积极作用。

（3）促进农村零售企业规模合理壮大。农村零售企业规模合理、实力增强是企业进行自主创新的必要条件，也是企业稳定发展的物质保障。一段时期以来，我国政府相关部门曾多次出台支持大型零售企业发展壮大的政策，零售企业也通过并购、重组等一系列手段扩大企业规模。尤其是2004年中国零售业全面对外开放以后，外资进入的压力促使农村零售企业并购重组事件时有发生。然而通过并购重组这种方式来扩大企业规模时常会发生规模不经济现象，如赵凯（2008）认为一味扩大连锁超市的规模，不但不能有效提高超市的产出效率，反而会使其降低，即中国连锁超市存在的规模不经济现象。这种规模不经济的后果，制约了企业提高自主创新能力。两个企业的融合，绝不仅仅是企业资产、人员的合并那么简单，更重要的是企业文化与管理的融合，这种融合的过程往往是漫长且艰难的，它需要企业投入更多的耐心来慢慢"消化"（李飞等，2009）。所以企业并购并不是一件简单的事情，农村零售企业在扩张企业规模的同时，必须同时进行规模质量的优化，要追求质量效益，并购前要进行并购风险评估预测，并购后要格外注意各项资源的合理整合、优化。农村零售企业只有实现了优质规模的有效扩张，才能为自主创新提供资本支持和物质保障。为了提高农村零售企业扩大规模的效率，政府部门应根据当地实际情况制定相关政策法规，打破地区界限，切实为农村零售企业跨地区开店时在工商注册、税费缴纳等方面的问题扫清障碍，建立公平、公正的经营环境，彻底解决农村零售企业跨区域收购、重组等方面的体制限制和人事障碍，并且逐步简化零售企业股权转让、并购重组的审批程序，尽量减少不必要环节的税金，为中国农村零售企业进行资源整合与规模化发展创造良好的环境。

（4）扶持农村零售企业的创新活动。大型零售企业往往比农村零售企业拥有更多地可投入创新活动的资本，大部分农村零售企业创新能力不足的原因是缺乏足够的创新资本。而农村零售企业数量众多，因此有效提升农村零售企业的自主创新能力，势必焕发出农村零售行业新的生机和活力，因此政府应大力扶持农村零售企业的自主创新活动。主要做法有以下几点：第一，应建立完善的农村零售企业自主创新的法律保障体系，促使农村零售企业的合法权益得到有效保障；第二，要完善农村零售企业的融资机制，尽可能拓宽融资渠道，建立一套完备的融资体系，鼓励各种类型的信用担保机构为农村零售企业开展自主创新活动筹措资金提供信用担保；第三，针对农村零售企业进行自主创新设立专项基金，鼓励各级政府根据自身情况设立"成长型农村零售企业创新发展专项基金"，专门支持那些发展潜力大且有强烈意愿积极开展自主创新活动的农村零售企业。各地银行也可以通过降低农村零售企业科技开发贷款利率，延长还款年限，甚至发放长期低息科技贷款以扶持农村零售企业的自主创新。

（5）促进农村零售企业学习能力的增强。企业学习能力是企业自主创

新能力的核心。一个企业学习能力的高低对企业选择自主创新方式和其自
主创新能力的强弱有着直接影响。要想提高农村零售企业的学习能力，首
先，应该着力创建学习型企业文化，搭建知识共享的平台，营造创新型氛
围和创造和谐的知识交流机制，例如，通过召开圆桌会议、企业沙龙和午
餐会议等形式的交流活动，促进企业成员之间的相互沟通和学习，提倡扁
平化、分权、有弹性的学习型组织，在组织内部建立跨部门互学互助团队，
实现知识在企业组织内部的迅速传递与分享。其次，应着手创建企业的核
心知识资源库，储存包括本企业发展历史、重要决策及实施过程的详细历
史资料，同时也可将通过各种渠道搜集到的国内外竞争对手的资料和先进
经验及有价值的顾客资料储存于此，这样做对于企业不断尝试、探索积累
知识，加强对外部知识的辨别与吸收能力有很大帮助。这其中最重要的信
息是顾客信息，在这个消费者至上的年代，消费者手中掌握着最新的需求
信息、对某种商品的偏好以及对零售企业商品、价格、环境、服务等方面
的反馈信息，这些信息对于任何一个企业来说都是弥足珍贵的。很多零售
企业已经设立了专门调查消费者消费趋向的调查小组，通过直接接触终端
客户，对顾客进行满意度调查，这种创新模式已经使企业远远将竞争对手
抛在身后。最后，要注意建设知识型员工队伍，知识型员工是企业学习能
力提升重要的人力资源保证，尤其是知识型高层管理团队的建设，对企业
创新能力的提升起到了举足轻重的作用。农村零售企业自主创新是否能顺
利进行在很大程度上取决于高层管理者的创新意识，所以加强高层管理团
队的学习意识和创新意识是提升企业学习能力的根本动力。

（6）促进农村零售业渠道关系优化。很长一段时间，零售商滥用渠道
权力导致了零供矛盾的激化。甚至，很多零售企业把向供应商索取进场费
作为利润的主要来源，有的零售商通过向供应商延迟还款这样的"类金融
模式"获得迅速扩张的资本金。如此发展模式其实隐含着供应商联合抵制
的风险，有很多零售商因此遭受灭顶之灾，例如，华榕超市、大华都超市、
普尔斯马特等，当零售企业身陷这种通过盘剥供应商谋求发展的模式之后，

会丧失自主创新的原动力，忽视自身竞争优势潜力的挖掘，但是，如果想真正扭转这种局面，也不是一件容易的事情。在零售企业懵懂而不知如何做出战略改变的时候，政府部门适时推出的政策引导就显得尤为重要。2006年10月商务部、国家发改委、公安部等五部委联合颁布的《零售商供应商公平交易管理办法》，初衷就是规范零售商、供应商的交易行为，从而维护公平交易秩序，然而该管理办法没有明确细则，因此对从根本上改善零供关系没有起到多少作用。所以，加紧修订实施零供交易管理细则，明确规定不同规模业态的零售企业如何收取进场费，并逐步建立全国范围内的零售供货商风险防范预警机制。这其中最重要的是建立供货商交易信息采集与风险分析系统。供货商成为该系统会员后，所有的信息及交易记录均被记载，同时供货商可以通过网络访问该系统，查询与之交易的农村零售商的交易行为，并进行信用评估，及时公开评估结果和预警信息，有效帮助零售商和供货商提高风险防范意识，这样做的目的还有助于农村零售商公平、公正对待供货商，两者共存、共荣、共同发展。当政策法规逐步健全，零售商侵犯供应商利益的行为需要付出很大代价偿还的时候，单纯依靠压榨供应商赢利的零售经营模式会逐渐失效，农村零售企业也不得不通过自主创新寻求新的赢利途径。伴随着零供关系的逐渐改善，零供双方通过信息共享实现合作创新就成为可能，这样也利于农村零售企业自主创新能力的提升。

第5章

中国农村零售企业创新的路径选择

经过三十多年改革开放的洗礼，中国经济取得了突飞猛进的发展，经济总量从占全球2%增长到10%，成为全球第二大经济体。随着经济发展的成果逐渐惠及至广大农村，农村零售市场规模也已经取得跨越式发展。农村零售市场的消费者占我国人口总数的48.73%，说明我国有着广阔的农村消费市场。但与此相对应的我国农村市场消费品零售总额仅占全国消费品零售总额的35%，如此大的反差充分说明我国农村市场并未得到充分开发，今后一段时间依然具有很大的发展潜力。所以国内的各大零售商纷纷将目光转向农村零售市场，寄希望于开发新的市场以寻找新的利润增长点，因为城市零售市场的过度开发导致零售企业之间的充分竞争，利润遭到严重挤压，俨然成为一片"红海"（贾钦然，2010）。同时，农村零售企业经过多年的探索性发展已经积累了一些宝贵的资源与经验，也希望能够从农村零售市场的发展中分一杯羹。因此，农村零售市场将无可避免地成为零售企业下一轮征战的主战场。但是，鉴于农村零售市场的发展以及与城市零售市场的差异，传统的农村零售业已经难以满足消费者需要，城市零售业的先进技术与管理经验又难以直接复制到农村零售市场，根据农村消费者需求实现零售业的创新将成为城市零售企业开拓农村零售市场或者是农村零售业实现自我升级的必要路径选择。

本章将从业态创新、营销创新、物流创新、管理创新四个方面加以论述，系统阐明我国农村零售业创新的思路（见图5-1）。其中，业态创新与营销创新同属零售企业的外显要素，能够直接被消费者感知，是企业能否得到当地消费者认可的主要影响因素。具体而言，业态创新主要解决企业的定位问题，根据企业的目标客户，决定采用何种零售要素以及如何进行组合等；营销创新是在业态创新基础上企业采取的经营策略，不同的业态需要不同的营销策略。业态创新是企业进行营销创新的依据，营销创新则保障创新的业态能够得到消费者认可。物流创新与管理创新属于零售企业的内在要素，不能被消费者直接感知，内在要素的优劣需要通过外显要素得以彰显，同时对于外显要素乃至企业整体的经营具有重要的支撑作用。物流创新既要保障商品的及时供应，又要确保配送的低成本，物流配送的复杂性将大大增加，需要管理水平的不断提升加以应对；同时，物流中不断涌现的问题也将成为管理创新的动力与依据。

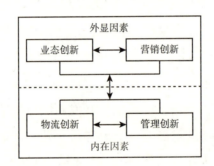

图5-1 中国农村零售业创新的系统思路

目前中国农村零售业的创新仍处于起步阶段，相关的研究较少，因而本章对于农村零售业创新的论述带有明显的探索性质。业态创新、营销创新、物流创新、管理创新存在着巨大的差别，在零售业发展过程中发挥的作用不同，也适用于不同的研究方法，因而本书结合中国农村零售业的现实发展与既有的研究成果，在探讨农村零售业不同领域的创新时采用了不同的研究方法，从不同的角度为大家论述了中国农村零售业创新系统思路。

首先，业态创新主要基于东北地区农村消费者需求构建了一个新型业态模式，对于究竟何种零售业态模式更适合农村市场给出了直观的解读；营销创新则以大商集团进军农村市场为案例进行了相关分析，通过研究城市零售业进军农村市场时在商品、服务、价格、店址等方面进行的策略调整，为农村零售业的营销创新提供了实践指导；物流创新通过探究农村零售业的物流配送现状，对于物流配送的目前调整与未来发展提供了新的思路；管理创新从经营理念、经营战略、经营手段三个方面指出了理论导向，对以后农村零售业管理创新具有重要的指导意义。四个创新既独立成文，同时又内在的隐含了前文指出的相互关系，共同构成了本章关于中国农村零售业创新的路径选择。

5.1　业态创新：一个基于中国农村消费者需求的新型业态模式

随着农村消费者的收入不断增长、生活水平不断提高，农村消费者的消费观念与消费行为也发生了较大的变化，以往的农村零售业态模式已经难以满足消费者的需求。但是，由于农村消费者与城市消费者在收入水平、生活方式、消费观念等方面存在着较大的差异，发源于城市零售市场的业态模式并不适合农村消费者（汪旭晖、徐健，2009）。因此，根据农村消费者需求，构建真正属于农村零售市场的业态模式将成为农村零售业创新的必由之路。本书以东北地区的农村居民作为研究对象，通过实地考察和问卷发放的形式，采取定量研究与定性分析相结合的方法，探究农村消费者期望的农村零售业态是何种形式，进而构建出符合农村消费者消费需求的新型零售业态，为农村零售业的业态创新提供理论依据与实践指导。

5.1.1 中国农村消费者需求分析

笔者曾于 2008 年春节前后，走访了辽宁省内 20 多个县区农村，通过向农民发放调查问卷并进行深度访谈，考察农村零售业现状，了解农村消费者的需求，获得研究所需的相关数据。现将研究结果分述如下：

5.1.1.1 店铺选址

与城市有所不同，农村的基础设施建设相对落后，最主要的表现是道路状况不容乐观，公共交通发展也满足不了需求，私家车拥有率较低，农村消费者外出购物的主要交通工具是自行车，有时步行，因此消费者更加青睐于离自己住所比较近的零售商。根据我们的调研结果，92.19%的农村消费者要求零售商距自己住所的距离不超过 5 公里，否则将不可接受。根据样本的统计分析，农村消费者对于该距离的期望值为 1.46 公里，即步行约 20 分钟或者自行车约 5 分钟的距离。因此，农村零售商宜将自己的店铺开设在商圈周边地区。

5.1.1.2 商品管理

消费者对于零售商提供的商品主要关注两点：品类范围与商品质量。首先，就品类范围而言，在我们的调研中，位列农村消费者选择比例前十名的分别为：瓜果蔬菜、油盐酱醋、日用百货、生鲜肉类、糖茶饮料、洗涤用品、干杂食品、点心面包、米面、熟食。可以看出这些商品均属于消费者消费比例比较高、周转较快的商品，能基本解决农民最基本的生活需求，是农村购物场所必须经营的品类。洗浴用品、鞋类、烟酒、一般服饰、日用五金、化妆品、娱乐用品、药品、小家电、儿童玩具、生产工具、家用电器、农用图书等所占比例介于 30% ~ 60%，农村零售企业可以根据营业面积大小尝试经营这些商品，拓宽产品品类，使更多的农村消费者体会到一站式购物的便利性。

农村消费者对于不同品类商品的质量要求不同（见表 5 - 1）。食品及副食品、医疗用品、大型耐用消费品是消费者要求最高的三类。近年来，食品安全问题成为消费者茶余饭后的谈资，引起了大家普遍的关注，农村消费者自然也不例外。农村消费者要求食品及副食品必须保证高质量的比例达到 92%，可以看出农村消费者对于食品的安全性、是否对身体有潜在危害越来越关注，对于自身健康也越来越重视。医疗产品事关人的身体健康甚至生命安全，因此大多数消费者对于医疗产品的质量通常会给予更高的关注。一直以来，医疗产品问题都处于风口浪尖。医疗用品的高价格普遍引起消费者的不满，而医疗产品事故频发导致消费者对于医疗产品的质量投入了更高的关注，特别是山西毒疫苗事件后，大部分消费者对于医疗产品的信任度普遍降低。消费者对于大型耐用消费品的质量要求也很高，比例达到 72%，因为大型耐用消费品的高价格在农村消费者收入中占据着较高的比重，农村消费者普遍希望其高质量能确保较长的使用年限。除了以上三类产品之外，农村消费者对其他商品质量的要求并不高，反而更看中价格因素。另外，医疗用品在综合性购物场所中的需求并不是很大，因此，对于综合性购物场所而言，一定要确保食品、副食品及家用电器的高质量，才能满足农村消费者的生活需求。

表 5 - 1		农村消费者所期望的综合性购物场所品类				单位:%	
品类	比例	品类	比例	品类	比例	品类	比例
蔬菜水果	88.40	熟食	60.10	小家电	36.90	手表	23.90
油盐酱醋	77.10	洗浴用品	58.20	儿童玩具	36.30	家具	22.20
日用杂品	76.8	鞋类	55.60	生产工具	34.60	自行车	21.90
肉类	71.9	烟酒	54.60	家用电器	33.00	电话机	20.90
糖茶饮料	68.30	一般服饰	48.70	时尚服饰	31.00	装修材料	19.90
洗涤用品	67.60	日用五金	44.80	农用图书	27.50	陶瓷玻璃	19.00
干杂食品	62.10	化妆品	44.10	家居服饰	26.20	眼镜	16.00
点心面包	61.80	娱乐用品	39.90	手机	25.50	珠宝首饰	15.00
米面	60.80	药品	37.30	保健品	24.50	摩托车	13.40

5.1.1.3 商品定价

尽管农村消费者的收入已经取得显著增长，但是与城市消费者相比，还是存在较大差距，所以农村消费者的价格敏感性明显高于城市消费者（孙永生、肖飒，2009）。在调查中我们发现，农村消费者大都倾向于选择价格低廉的商品。备受城市消费者喜欢的明码标价的价格展示方式同样得到大部分农村消费者青睐，只有30%左右的消费者选择购物时由服务人员介绍商品的价格，并且允许讨价还价。由此可以看出，农村消费者的消费方式与消费习惯已经发生了较大变化，多数消费者希望购买商品时商家能够一视同仁、童叟无欺，因而更倾向于选择便利、公正的交易方式，极力避免传统购物过程中商家漫天喊价、损害消费者权益的现象。因此，农村零售商宜采用低价竞争策略，并引入明码标价的展示方式，保证交易过程的公平、公正。

5.1.1.4 人员服务

城市消费者大都选择自助服务，自由选择商品，当自己需要帮助时再向服务人员求助。与城市消费者不同，大部分农村消费者希望零售商能够提供有限的服务以便于自己寻找商品、了解商品的功能、使用方式等，但是也不希望服务人员全程跟踪。城市消费者对于商品的品牌、功能有着较好的认知，阅读、了解商品使用说明相对容易，经常性的购物使其对于商品的摆放位置也有良好的把握，所以很多城市消费者将购物看成是一种娱乐方式。但是农村消费者显然不具备以上优势，对于完全自助、无服务人员介绍的购物模式还不能适应。

5.1.1.5 店铺环境

店铺环境在很大程度上影响消费者的购买意愿与顾客满意，因而零售商往往将店铺环境作为吸引消费者的重要因素。由于农村消费者收入水平依然较低，农村消费者对于店铺环境的要求远低于城市消费者。就营业面积而言，根据我们的调研结果，农村消费者认为较为理想的商店规模应该在 1000 平方米左右，也就是说与城市大型综合性购物场所相比，小得多的营业面积即可满足农民的需求。75.19% 的消费者认为现有的农村零售商需要改善店内卫生状况，因为这涉及消费者的身体健康，也严重影响着消费者的购物情绪。农村消费者也比较在意商品寻找的难易程度及摆放整齐的程度，这反映了农村消费者希望一站式购齐的同时，却不愿意因商品过多、布局混乱而在购物场所中迷失方向，产生困扰。农村消费者对零售商的外部形象与购物场所附加设施并不怎么在意，仅有 74.16% 的农村消费者认为综合性购物场所里需要设置附加设施，但是对这些附加设施的需求仅仅局限于卫生间、休息室，对休闲娱乐设施的需求很小，这是因为农村消费者较低的需求层次尚未得到满足，此类需求欲望也就不那么强烈了。

5.1.1.6　广告促销

在广告宣传手段调研中我们发现，农村消费者主要通过电台广播、传单、电视、报纸、网络、店面标示、口碑传播这几种途径了解一家零售商店（见图 5 - 2）。但是，农村消费者了解零售商店的渠道存在显著的差异，不同的渠道对于消费者的重要程度也不同。店面标示是农村消费者了解零售商店的最主要途径，这与农村零售商店的宣传方式密切相关，因为农村零售商一般很少采用电视、电台等城市消费者喜闻乐见的广告营销平台。口碑传播排在第二位，农村零售商服务范围较窄，顾客群体有限而且比较集中，口碑传播这种较为传统的宣传方式依然颇有市场。零售商向消费者发放宣传材料也是消费者了解商店的一个重要渠道，并且在一些领域如家电业，这已经成为商家的主要宣传方式。电视传播排在第四位，说明电视已经在农村居民家中得到了较高程度的普及，电视广告也成为影响农民获取购物信息的重要途径，这是零售企业开拓农村市场时应高度重视的一个环节。与城市零售业存在很大不同的是，网络渠道占比较小，这和农村信息技术落后、网络普及率低不无关系。

在促销手段调研中，约75.7%的顾客偏爱打折促销，希望获得价格上的优惠；54.3%的消费者希望多买多赠，此外，免费试用、有奖竞赛、抽奖等也是消费者比较喜爱的促销方式。

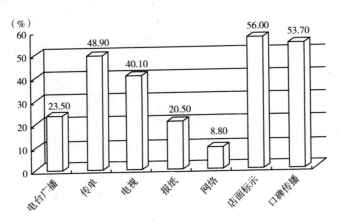

图5-2　农村消费者了解商店的渠道（不同沟通方式的重要性）

5.1.2　基于中国农村消费者需求的新型业态模式

根据前文在店铺选址、商品管理、商品价格、人员服务、店铺环境、广告促销等方面的消费者需求调研结果，我们构造出适合农村零售市场的业态模式（见表5-2）。因为我们构造的业态模式不同于商务部《零售业态分类》中任何一种业态，故我们将其定为一种新型业态模式。

表5-2　　　　　　　　基于农村消费者需求的新型业态模式

组合要素	特　　点
店铺选址	距离目标顾客集聚区1.5公里左右
商品管理	满足消费者日常生活需要的食品与副食品为主；食品、医疗产品、大型耐用消费品需要保证较高的质量
商品价格	采取明码标价的展示方式，实施低价策略

续表

组合要素	特　　点
人员服务	为消费者提供寻找特定商品、介绍商品品牌与功能
店铺环境	营业面积 1000 平方米左右；干净卫生、摆放整齐、便于寻找
广告促销	注重店面标示与口碑传播等宣传方式，采用打折促销、多买多赠的促销方式

5.2　营销创新：以大商集团进入农村市场为例①

5.2.1　案例背景

大商集团是中国最大的百货商业集团，在 2011 年中国 500 强企业中排名第 97 位。目前，拥有大中型店铺 180 家，遍布大半个中国，总建筑面积超过 500 万平方米，员工总人数 22 万人，2011 年销售额 1100 亿元。大商集团是"全国文明单位"、"中国商业服务业改革开放三十周年功勋企业"，荣获"中华慈善奖"，荣登"全国商业质量奖"榜首。大商集团以民族工商业崛起为己任，完全按市场竞争规律壮大起来，被多家媒体和分析报告称为"中国商业最具发展实力的无敌军团"。

起源于大连青泥洼的大商集团，以创建享誉世界的大公司为理想，以"无限发展、无微不至"为理念，通过股票上市、组建集团、合资合作、异地扩张、业态创新等方法和步骤，推动企业快速健康发展。已经实现了"大连第一、东北第一、全国一流、世界轻量级、世界中量级"五阶段发展战略的前三个阶段，现在正在向第四阶段迈进。

大商集团的店铺布局稳步推进。在东北，成立了大庆地区集团、抚顺

---

① 本书研究范畴包括以农村为目标市场的零售企业，大商集团成立了新农村开发有限公司负责农村零售市场的开发，以其为案例探讨，具有一定的代表性。

地区集团、沈阳地区集团、佳木斯地区集团、牡丹江地区集团、阜新地区集团、哈尔滨地区集团等，密集的店铺网络基本形成；在华北、鲁中等地区，大商集团均已成立地区性集团，形成大规模集团军全面开发中原市场；在西北，在西南，店铺布局正在快速建设中。无限发展的大商集团正在不断做深做透"东北店网"，拓展"华北店网"，挺进中原，沿长江水线东拓西进，进一步做大做强。

近些年，大商集团在深耕一、二、三线城市的同时，也将发展的触角向乡镇农村不断延伸。将具有现代化建设水准的超市大卖场或购物中心开进乡镇农村，极大地方便了农民购物，提高了农民的消费层次，推动城乡商业统筹协调发展，繁荣农村商业，并为促进社会主义新农村建设做出积极贡献。同时，大商集团还搭建起一个庞大的物流交换平台，通过大商集团遍布全国的店铺网络资源，将高品位、高质量的商品和更周到、更贴心的现代化服务输入农村市场，与此同时，也将农村优质的水果、蔬菜、畜禽、水产品等农副产品源源不断地运送出来，有效实现农商对接，推动农村经济的快速发展。

在大连金州三十里堡成功试点乡镇购物中心后，大商集团于 2009 年在大连瓦房店市老虎屯镇和普湾新区炮台镇分别开始建设大商 NTS 购物中心。这两个项目均是大连市委市政府重点建设的 6 个中心镇现代商业项目，是大商集团构筑大连全域性商贸流通网络的重要步骤，购物中心建成后将极大地改善当地农民的生活环境和生活质量，繁荣乡镇商业，加快推进农村城市化进程。

大商集团董事局主席牛钢表示，为了让辽南地区，首先是大连城乡尽快形成城乡商贸一体化，大商集团决定从全国各地抽出几亿资金，利用几年时间，在瓦房店、普兰店、庄河、金州、旅顺、长海，建设一批现代化的、新城镇购物中心。大商集团采用城市标准建设新城镇购物中心，购物中心建成后，还将以中心镇为平台，吸纳更多的乡村级加盟店，从而让更多农村消费者享受到大商优质的商品与服务，这也等于将"送货下乡"工作常态化。

5.2.2　案例分析

5.2.2.1　产品策略

产品策略首先要以满足农民的消费需求为导向，调整产品结构，不断提高产品质量，改进产品功能，开发生产功能实用、结实可靠、物美价廉、适销对路的商品。同时，在产品包装、品牌等方面也应符合农民的消费心理和消费习惯。大商在进军农村零售市场时，对其进行了长达数年的市场调研，把握了农村的实际情况和农村消费者的真实需求，为自己在农村市场的顺利扩张打下了良好的基础。

商品组配方面，大商将自己定位为提供一站式购物的综合商场。大商主要向顾客提供瓜果蔬菜、油盐酱醋、日用百货、生鲜肉类、茶点饮料、洗涤用品、米面等消费频率较高的快速消费品，同时考虑到农民对于生产资料、生产工具的巨大需求，将种子、肥料、农药、农具等纳入了自己的商品列表以满足农民的生产性需求。由于农村消费结构、层次、需求的多元化发展，大商还为同一消费领域提供丰富的产品系列，满足不同层次、动机的消费需求。

商品包装方面，大商遵循"简洁、醒目、好懂、易记"的原则，对原有的一些商品包装进行了调整。如通过与供应商协调沟通，将一些产品包装进行了简化，仅保留必要的产品包装以求卫生便利之用，去掉原有的装饰性包装；在包装的外观设计上，鼓励供应商采用通俗易懂、朗朗上口的文字，进行直白的品牌与功效诉求。这不仅有效降低了成本，提供了更大的价格优势，而且有利于农村消费者之间的品牌传播，更容易获得农村消费者的青睐。

商品品牌方面，随着农村经济发展水平的不断提高，农村消费者的价格敏感度逐渐降低。商场主要向消费者提供低值的快速消费品，这也严重削弱了价格对于消费者的吸引能力。因此，低价在农村市场已经不是完全的绝杀武器，以品牌忠诚为基础的差异化逐渐成为零售企业在农村市场提升竞争力的主要途径。为此，大商在选择品牌商品时也做了一系列调整。结合前期消费者的品牌认知度、美誉度和消费观念、消费能力等调研分析数据，大商主要引入如立白、雕牌、佳洁士等已经深深植入消费者心中的品牌商品。对于一些高档的进口商品，考虑到其价格及品牌劣势，大商果断放弃了在农村市场铺货的打算。

自有品牌商品方面，尽管大商的自有品牌商品已经在各大城市大获成功，品牌影响力也不断增强，但大商在进入农村市场时依然对自己的自有品牌商品进行了必要的修正。根据他们对农村市场的实地调研，针对农村居民实际情况和消费心理，大商对自有品牌商品的基本功能进行了强化，减少了许多不必要的附加功能，满足农村居民实际需要的同时也降低了不少成本，在农民心目中树立了质优价廉的高性价比形象。

5.2.2.2 价格策略

农民收入水平虽呈逐年提高的态势，但他们手中可任意支配的活钱并不太多，同时中国农村居民一直以来受传统文化的熏陶，保持着勤俭节约的习惯，对产品价格的变化异常敏感，很多时候一两分钱的差价就决定了交易的成败。超出农村居民消费心理底线的价格，一般很难被他们接受。因此，零售企业要注意农村消费者的消费心理：对价格变化的敏感程度高，对品牌认知有限，只要价格低廉且能满足基本生活需求，就会受到农村居民的青睐。因此，零售企业在定价时，要注意收集掌握农村消费者对产品的心理定价，尽量降低生产成本，只有最大限度提供质优价廉的产品，才能在农村市场竞争中站稳脚跟。当然，降低价格不能以降低质量为前提，而是要通过删除不适用的功能，削减营销和管理费用来实现。因此，大商在进入农村市场时对原有价格策略进行了调整，实践证明，取得了不错的效益。

第一，薄利多销。价格是影响农村居民实施购买行为最敏感的因素，大商在进入农村市场之初，采用了低价渗透的价格策略，即低价投放大量产品，迅速在农村市场渗透，以实现尽快被市场接受的目的，之后借助于农村市场的超大容量与需求潜力，大批量销售，借此不断降低成本，薄利多销，从而占领长期稳定的市场，在农村居民心目中树立起牢固的品牌形象。同时，对于批量购物，大商实行了数量折扣定价，对于积压库存而在农村市场有一定需求的商品实行折扣、折让的定价方式，吸引农民购买。

第二，灵活折扣定价。农村的很多消费需求具有强烈的季节特性，如农忙时节农资销售火爆，平时清淡，销售量的起伏太大，不利于储存和运输的安排。因此，大商在农闲季节给予提前购买农资的消费者一定的折扣，鼓励他们提前准备农资。这样既提前为农资销售做了宣传，又减轻了物流压力，保证了全年销售量的平稳。

第三，价格差异化。尽管我国农村市场前景广阔，但地区差异性导致的消费水平又不尽相同。大商在进入农村市场前，对于不同地区的消费水平也做了详细的调研，并将其划分为温饱型、过渡型、小康型三类，根据各地农村市场的实际收入情况制定出相应的价格策略。针对温饱型和过渡型农村市场，由于消费者收入水平较低，价格敏感度较高，主要采取低价策略。而针对小康型农村市场，消费者收入水平相对较高，购买过程中除了考虑商品的价格之外，商品的品牌、质量或时尚程度也是这部分人群重视的因素，因此，大商实行了中高价位的定价策略，在满足其特定的需求的同时，实现了利益最大化。

第四，品牌定价。随着农村经济的城市化发展，农村的收入大幅提高，农民的消费观念也逐渐受到城市影响。品牌消费成为部分先富起来的农民追求高品质生活的基本组成部分，更有甚者将其作为炫富的资本，品牌产品的高品质、高价格也已经能够被接受。大商抓住这一机遇，也开设了一些高档专区，提供高档的产品与服务的同时收取高额的费用，不仅扩大了市场份额，而且树立了品牌服务的高档形象，取得了不俗的成绩。

第五，会员定价。大商将自己在城市中已经取得成功的会员卡优惠措施也引入到农村市场中，鼓励农民积极办理会员卡，成为大商的优惠主顾。且随着积分的增加，优惠的幅度也会随着增加，这在很大程度上将以往农村盛行的老主顾优惠予以规范化，在广大消费者中产生了共鸣，取得了很好的效果。

5.2.2.3 服务策略

零售业不仅要提供优质的产品，还要为顾客提供优质的服务。随着农民消费水平的提高，其对零售业的服务质量也提出了较高的要求。同时，服务质量也成为影响消费者忠诚的关键因素。大商在进入农村市场过程中，坚持了服务至上的原则，以不断完善的服务赢得消费者支持。

坚持品质服务。良好的服务使消费者在以相近的价格获得同质产品时获得了额外的满足感。具有多年零售经验的大商深谙此道，在进入农村市场时，也做出了"绝无假货"的承诺，在有条件的地区租用公交车开通购物专线等。

增值服务创新，打造生活中心服务功能。大商除了提供零售业基本的服务外，还增加了增值服务性项目，如干洗、公用事业费用代收、充值卡销售、鲜花、茶叶蛋、爆米花、药品、票务、邮寄、书刊杂志、送货上门等服务项目，让顾客除了能够买到自己急需的商品外，还能够得到方便的服务，同时也因为这些项目的设置带动店面的销售，使其成为当地消费者的生活中心。

售前、售中、售后三位一体的服务。农村市场与城市市场相比，地域广阔，地广人稀，农村市场零星而分散，因此售后服务的成本高出许多，售后服务难做一直是很多企业的软肋。另外，与城市消费者相比，农村消费者文化素质普遍较低，如今市场上商品种类繁多，信息量大，准确把握这些信息已经超出了农村消费者的能力，因此农村消费者实际上对售前咨询、售中介绍及售后维护的需求更加强烈。随着市场竞争程度的不断激烈，售后服务的质量已成为一个企业能走多远，取得多少利益的重要决定因素。因此，加强售前、售中及售后的服务质量，是一个企业能否获得农村市场竞争优势的前提。所以，大商为了减轻售后服务的压力，努力提高产品质量，尽量做到所售产品在"三包"期限内实现"零故障率"；为了方便消费者购买，加强对农村消费者进行售前教育（产品介绍、信息引导和技术培训等）；为了降低消费者的采购成本，实施免费送货上门、操作演示和使用注意事项告知等售中服务；为了减少农村居民的使用成本，承诺上门维修和产品保证等售后服务。这些做法为大商开拓农村市场赢得了不少回头客。

5.2.2.4　促销策略

促销是零售企业提升自身知名度建立竞争优势的最有效的方式之一。目前，农村市场上常用的促销策略主要有价格折扣、老主顾价格优惠等传统的促销手段。因此，大商在进入农村市场时，除保留了一些传统的促销手段，还引入了一些新兴的促销方式。

传统促销手段的延续。传统的促销手段依然在消费者心目中占据着重要的位置，为了推广自己的品牌，大商采用了刷墙广告和深入集市、乡村的秧歌队、锣鼓队、舞狮（龙）队、表演队、放映队、大篷车等农民喜闻乐见的地方特色的推广宣传活动，成功地切入农村市场，起到了理想的推广效果。

传播组合创新。受传统观念、文化素质的影响，农村居民对待广告宣传的心态主要是"眼见为实，耳听为虚"，对于报纸和广播广告这样看不到的广告形式，他们大多认为不可信，所以针对这一群体的信息传播方式要尽量有所创新。在广告形式上，大商更注重口碑宣传，致力于为顾客提供满意的服务，利用消费者的口口相传提高自己品牌的整体知名度。同时，墙面广告也是大商推广自己品牌形象的主要途径。农村市场广告传播的主要受众是大多具有初中以上文化程度的青年人，眼界较之父辈开阔许多，他们同时也是农村耐用消费品的主要决策者和购买者，对品牌有一定了解，也具备一定的使用技能，因此在广告内容设计上着眼点落在吸引这些人的注意力方面。为此，大商一改农村市场传统的告知性广告，广告内容中加入了年轻人喜欢的娱乐元素，以吸引大部分人的眼球。

促销方式的创新。针对农村居民的消费习惯和偏好，大商专门举办了针对农村市场的展销会、交易会、大篷车下乡，通过这样的促销方式，一方面，提升自己品牌的认知度；另一方面，消除距离限制，既包括地理的，也包括心理的（一些农民对于超市的并不认可），以方便农村居民购买。此外，对于大件耐用消费品的销售，大商采取现场示范的方式，手把手地教农民掌握操作技能，以便农民使用，同时积极推进有条件的分期付款和以物易物等多种支付方式，以满足有需求欲望但经济能力有限的农村消费者的需要。

促销时间的选择。企业促销手段的运用要考虑到农村市场特点，贴近农村实际，才能发挥促销活动推动销售的作用，农村市场季节性的淡旺季之分与城市存在显著的差别。农民工、城市求学的高年级学生长期在外，留守的老弱病残的消费能力相对较弱，消费能力主要集中在中秋、春节等民间传统节日和红白喜事、生日寿宴等事件上。因此，大商将自己的促销活动集中在农村集会日和农闲时节。农村居民通常会在集会日集结购物，分散在集市周边的多个村庄的农户都会在这个日子去赶集，此时农村消费者人口集中度高、购买兴趣浓厚，大商充分利用这个促销的好机会，配合现代促销手段，能起到事半功倍的效果。促销的第二个重要时段是农闲时节，大商促销避开农忙时节是因为此时的农民忙于庄稼的播种和收割，无暇关注企业的促销活动。而农闲时节则恰恰相反，农户此时有钱有闲，既有购买的兴趣也有购买的实力，选择这个时机，举行促销活动往往可以吸引到大批农村居民的注意，提高促销效率。

巧打流行速度差，城市商品进农村。农村消费市场的滞后性让城市下架和过季商品有了延长销售周期的机会。大商巧妙利用农村和城市消费的流行速度的时间差，将城市过季商品送到农村市场，集中组织"送货下乡"，打造流行促销专场，不仅仅让农村消费者能够跟随城市的流行趋势，享受"不过时"的流行款式，还极大地丰富了农村市场的商品供应。

5.2.3　案例讨论与结论

本小节通过大商集团进入农村零售市场的案例，探讨了农村零售业营销创新的系统思路。作为中国最具影响力的零售企业之一，大商集团的一举一动往往成为零售业的焦点，成为引领零售业发展趋势的指向标，这次进军农村零售市场的尝试也不例外。因此，该部分采用一个已经取得阶段性胜利的案例，希望能够给农村零售业的发展提供一定的理论补充与现实指导。考虑到资料的收集及研究的意义所在，本书只研究了商品、价格、服务、店铺环境、促销五个营销因素。

产品方面。零售企业应该充分利用市场调研的结果，调整产品结构，不断提高产品质量，改进产品功能，为消费者提供功能实用、结实可靠、物美价廉、适销对路的产品。同时，确保产品包装、品牌等方面符合农村消费者的消费心理和消费习惯。商品组配方面，致力于满足农民一站式购物的需求，主要提供农民需求最多的食品与日化产品等快速消费品，同时注重提供种子、农药等产品以满足农民的生产性需求；商品包装则遵循"简洁、醒目、好懂、易记"的原则，采用农民熟悉的形象，侧重于降低成本；商品品牌选择则遵循"不求最好，但求最亲"的原则，即以当地消费者的认知度为衡量商品品牌的标准，选择当地消费者认知度较高的品牌商品，而该商品不一定是该类商品中最好的品牌；自有品牌产品领域，零售企业应该将注意力集中在产品的基本功能，主要满足农民的基本功能诉求，同时在保证质量的基础上降低成本，提高产品的性价比。

价格方面。零售企业应该牢牢掌握农村的消费特点：价格敏感度较高，消费需求季节性波动大，地区之间的消费能力差距大。因此在定价时除了保证零售业屡试不爽的低价策略，还应该注重发挥季节定价与地区定价策略的优势，充分挖掘农村零售市场的消费潜力。但考虑到农村零售市场的发展趋势及传统的消费习惯，嫁接城市零售业的品牌定价与会员定价将会是一个不错的选择。

服务方面。由于大多数农村消费者对于完全自助、无人员服务的购物模式还不适应，为消费者提供售前、售中、售后三位一体的服务就显得尤为重要。在确保优质服务的同时，零售企业还可以不断增加一些增值性服务，如公用事业费用代收、充值卡销售、鲜花送货上门等，这主要考虑到农村零售市场公共服务设施的不完善及市场发展程度较低的现状，既为顾客提供了额外的服务，提升了顾客满意度与顾客忠诚度，同时也充分发挥了企业的规模经济优势，为企业带来了额外的收益。

促销方面。农村消费市场与城市消费市场对于同一促销策略的反应有着明显的不同，农村零售业促销策略创新并不能完全沿袭城市的促销策略。农村零售业经过多年的发展，已经形成了一套为广大消费者接受的促销手段，企业对于这部分促销手段可以采取适当的创新，并不能完全抛弃。传播组合则要与农村消费者的偏好保持一致，将重点放在口碑传播、传单、店面标示等。促销方式可以将城市零售业采用的促销方式移植到农村零售市场，但不能仅仅是简单的复制，应该是一种本土化的调整。促销时间则要紧跟农村的淡旺季，紧紧抓住农村集会日与农闲时段，尽可能提高促销的效率。同时，借助城市零售市场与农村零售市场的流行速度差，企业可以适度延长产品销售的生命周期，将城市过季商品送到农村市场，以期获取更大的利润。

5.3 物流创新：基于中国农村零售业物流配送现状的思考

5.3.1 中国农村零售业物流运作模式概述

现如今，农村零售业的物流运作模式主要有三类：自营物流、供应商配送和第三方物流。自营物流指由零售商自己采用交通工具负责商品的运送。占据农村市场前三位的零售经营模式有小型杂货店模式、流动商贩模式、定期集市模式，流动商贩模式与定期集市模式由于经营者自身具备良好的运输能力，通常不会考虑另外两种配送模式，小型杂货店则限于自己提供的商品特性与服务的人群也会采用自营物流，因而自营物流在农村零售业中仍然占据着重要地位。前文分析指出，以小型杂货店模式为代表的"坐地商"主要向消费者提供瓜果蔬菜、油盐酱醋、日用百货、生鲜肉类、茶点饮料、洗涤用品、米面熟食等，这类商品的共同特点是仓储成本高，消费频率高，单次购买量小。加之小型杂货店的辐射范围通常较小、消费群体极为有限，因而零售商通常不会单次购入大量的商品，因为那会给自己的仓储带来巨大的困难或者是高昂的成本。供应商通常不会为了较少的采购量而提供配送服务，采用第三方物流运输如此少的货物难免压榨掉自己那点微薄的利润。因此，自营物流便成为农村零售商的无奈之举。

供应商配送是指由供应商直接负责配送商品到零售企业，这也是比较常见的物流配送模式。在农村零售市场，批发业依然发挥着较大的作用，因而除了少量的生鲜产品、工业品（当地制造商生产）是由当地生产商提供外，大部分商品由批发商直接供应，而城市零售业主要由制造商自己设立的办事处或是委托的代理商负责商品的供应，这导致农村供应商配送模式与城市相比存在很大不同。批发商提供的商品种类不止一种，同一种类的商品品牌也不止一个，有的大型批发商甚至可以满足农村零售商的"一站式购物"，而商品的种类多样性与品牌多样性导致是否提供供应商配送成为批发商的个人行为，难以获得制造商的支持，农村批发商也难以形成规模经济。农村市场上供应商配送的价格标准极不规范，并且价格相对较高，这其中既有缺乏制造商支持的因素，也有单次需求量少、路况不佳、商家牟利的因素。正是由于上述原因，供应商配送模式在农村零售市场并未得到广泛的普及。相比流动商贩模式和定期集市模式，小型杂货店更多地采用供应商配送。小型杂货店采用供应商配送的商品品类较为有限，主要有以下三种：一是，生鲜蔬菜水果。与城市零售业者相比，农村零售业具备接近生鲜果蔬产品生产基地的便利条件，并且距离一般不会太远，运输成本不会太高，供应商也乐意为附近的零售商提供配送服务。二是，价格及附加值较高的产品。此类产品的价格及附加值较高，运输过程中的风险较大，农村零售商鉴于自身的实力较弱、风险承受能力较低，通常不会为了这种产品背负沉重的负担，因而供应商会主动承担起配送的任务。三是，特殊性商品。特殊性商品主要是指运输过程中具有特殊要求的商品，如冷饮食品配送需要冷链物流，家用电器配送需要采取专门的防震措施等。对于此类商品，零售业者自身难以获得相应的运输能力，供应商也会主动承担起运输服务。

第三方物流是相对"第一方"发货人和"第二方"收货人而言的，是由第三方专门的物流企业来承担企业物流活动的一种物流形态，具有关系契约化、服务个性化、功能专业化、管理系统化、信息网络化等特征。由于农村地区物流基础设施落后、信息化程度较低、物流技术落后、物流人才缺乏、农业市场化程度较低以及农村消费需求的不足，导致现有的农村市场物流主体发育不完善，第三方物流难以为零售业提供有效的物流服务或者是只能提供简单的物流配送服务。在农村零售市场，第三方物流经常扮演着供应商配送的补缺者角色，例如，化肥、面粉等商品只有订购量达到一定标准时供应商才会提供配送服务，因此当零售商的订购数量达不到标准时，就会与第三方物流企业开展交易。

5.3.2　中国农村零售业物流运作模式的优劣势分析

农村零售业的三种物流运作模式各有其优缺点（见表 5 - 3）。

表 5 - 3　　　　　农村零售业三种物流运作模式的优劣势分析

物流运作模式	优　势	劣　势
自营物流	成本较低，及时、高效，灵活性好	适用范围有限，运输风险相对较高
供应商配送	运输风险较小，方便、快捷	适用范围小，损失进货价格优势
第三方物流	专业化程度高，运输风险低	效率低，控制能力弱，交易成本及连带经营风险高

（1）自营物流由零售商自己安排商品的配送，能够有效针对农村零售业难以准确预测需求的弊端，随时根据商品的需求情况决定商品的配送时间，避免了缺货损失，具有灵活、高效的特点；零售商可以据此向供应商索取价格折让，以更有利的成本获取商品，同时也避免了第三方物流高额的运输成本与交易成本，从而大大降低了农村零售商的采购成本，使自己的商品价格更具有竞争优势，利润状况也得到极大改善；自营物流仅仅服务于企业自身，其效率是另外两种物流运作模式所不能比拟的。正是因为自营物流具有上述几点优势，极大地适应了农村零售业的需求，成为沿用至今的传统运作模式。但是，自营物流也存在其自身的劣势，主要有以下两点：受限于农村零售商自己的运输工具，自营物流适用的范围极为有限，只能满足普通商品的短途运输，对于易碎品、易腐品或者是需要长途运输的商品，自营物流只能望洋兴叹；农村零售商既没有专业化工具，也没有受过专业化训练，更没有专业化流程可供参考，这导致自营物流运输过程中的风险相对较高，商品损失率较为严重。

（2）供应商配送将运输过程中的损耗转移到自己身上，能够很好地解决运输过程中的风险问题，弥补自营物流的不足，这是采用供应商配送的最大优势，也是大部分消费者采用供应商配送的主要原因；供应商配送的另一大优势便是方便、快捷，特别是在特殊商品的运输上，寻找具备冷藏功能或防震设施的第三方物流企业在物流业发展并不成熟的农村市场并不是太容易或者是存在较高的寻找成本。但是，并不是所有的供应商都乐意提供配送服务，特别是对于一些低附加值的商品，如果供应商提供配送服务则意味着供应商需要为此投入巨额的固定资本，那么供应商将背负上沉重的财务负担，这是大多数本小利微的供应商不愿意承受的，所以供应商配送的适用范围极为有限。供应商配送的劣势还表现在另一方面，如果采用供应商配送，那零售商不得不丧失掉商品的价格折让，如果商品的折让较高、订购数量较多，那么采用供应商配送就存在严重的不经济。

（3）第三方物流的专业化程度较高，物流企业采用的运输工具大都是特制的或是经过特别改装的，不仅能够应付复杂的地形，而且对于商品的防护程度也较普通的运输车高出许多，运输人员也都经过特殊训练，对于运输过程中出现的问题也能给予很好地解决，以最大限度减少损失。并且第三方物流的适用范围较广，对于自营物流与供应商配送形成很好的补充。但是，第三方物流也存在很多不足，例如，零售商很难对第三方物流进行有效的监控，难以对商品的在途时间进行很好的控制，商品运输过程中出现损失后很难对责任进行界定，导致双方很容易在这个问题上产生纠纷；第三方物流企业为了削减成本以保证自己的价格更具竞争优势，通常会为一次旅途争取更多的用户，这也导致货物运送效率大打折扣；农村零售企业大都规模较小、比较分散，在与物流企业讨价还价中明显处于劣势，这也会带来较高的交易成本。

5.3.3　中国农村零售业物流发展的新思路

5.3.3.1　综合运用三种物流运作模式，实现商品运输成本最小化

农村零售市场三种物流配送模式中，尽管当下自营物流占据着主导地位，但长期来看，其他两种物流配送模式更有潜力。与城市零售业相比，农村零售业的规模较小，农村物流发展状况也不容乐观，加之商品自身的特性，导致农村零售业难以依靠单一的物流模式。因此，合理综合运用现有物流运作模式将成为农村零售业发展的必然趋势。为此，农村零售商可以采用两步走的策略，合理选择物流配送模式：

首先，确定物流配送方式选择的影响因素。常见的影响因素主要有以下几种：商品的价格、免配送折扣、易损性、规模等。第一，如果商品的价格较高，则零售业者倾向于采用供应商配送或者第三方物流，因为相对于价格折扣与物流成本，商品运输过程中产生的损失更为严重。商品的价格较低，则企业更希望采用自营物流，因为商品在途损失比之高昂的价格折扣与物流成本更为合算；第二，如果商品的免配送折扣较高，零售商通常会刻意回避供应商配送以争取更多的利益；第三，如果商品的易损性较高，零售商通常会采用供应商配送、第三方物流以减少运输过程中的风险。如果商品的易损性较低，零售商将更多地采用自营物流，以较低的风险换取更多的利益；第四，如果商品的需求规模较大，零售商可能限于自己的运输能力而放弃自己运输商品。如果商品的需求规模较小，采用供应商配送与第三方物流的成本就会很高，则零售商更加乐意由自己负责商品的配送；第五，如果商品的运输时间较长，且运输难度及运输过程中的风险也较大，农村零售商一般不会轻易采用自营物流这种方式；第六，如果商品紧俏程度较高，则农村零售商通常会发挥自营物流灵活、高效的优点，以此获取更大的利益。当然，还有很多其他的影响因素，鉴于分析的复杂程

度，在此将不予考虑。

其次，综合分析影响因素，确定合适的物流配送模式。表5－4基于所有商品均有上述三种物流配送模式可供选择的基础上，给出了农村零售业物流配送的选择标准与方法，农村零售商可以针对商品特性予以分类，按照表中给出的方法选择合适的物流运作模式。

表5－4　　　　农村零售业物流配送模式的选择标准与方法

		高		低		易损性
		大	小	大	小	需求规模
高	高	第三方物流	第三方物流	第三方物流	供应商配送	—
	低	供应商配送	供应商配送	供应商配送		—
低	高	第三方物流	自营物流	供应商配送	自营物流	—
	低	供应商配送		第三方物流		—
价格	免配送折扣	—	—	—	—

但是，表5－4存在很多的缺陷与不足，主要有以下几点：

（1）表中的标准并没有涵盖所有的影响因素，如商品的运输时间、紧俏程度、易碎程度、易腐程度等，这些因素对于零售商选择物流配送模式也有很大影响，有的因素的影响甚至是决定性的。

（2）我们事先假定了所有的商品均可以采用上述三种物流配送模式，因而我们给出的方式更多的是一种理想的选择，在实际运用过程中可能由于商品可供选择的物流配送方式不存在而导致该方法无法使用。

（3）我们在选择物流配送模式时没有考虑各个影响因素的权重，因为加入各个影响因素的权重之后，选择的方式将呈几何级数上升，选择方法将极为复杂，反倒不利于该方法的推广。

（4）本书只是简单的理论概述，对于各个标准并没有给出数量上的限定，只是给出了方法说明，并没有给出具体的操作程序，并且现实中的数据分析结果可能与模型存在不相符之处，如何选择还是需要具体问题具体分析。

5.3.3.2　建立农村零售业商会组织，实现商品的集中采购与统一配送

农村零售商业网点布局散乱、规模较小的弊端在很大程度上制约了采购与物流配送的集约化发展，农村零售企业难以享受到规模经济优势带来的利益，这在很大程度上导致农村零售企业的成本较高，很多产品的价格甚至比城市零售企业还要高。为了有效解决这个问题，我们建议农村零售企业成立自己的商会组织，实现商品的集中采购与统一配送。

首先，按照国家行政区划或者其他标准将某一区域的零售商组织起来，经政府批准筹备成立自己的商会组织，建立商会的常设机构，规定商会的正式章程，确定商会的职能范围，制定商会的入会标准，规范商会的成员行为，选举商会的管理人员，以"全心全意为各个零售商服务"为宗旨，促进各零售商之间的资源共享、优势互补、协作发展，努力打造品牌商会、特色商会，为广大成员提供和谐共荣、信息交流、行业自律、互助维权的平台。

其次，推进商品的集中采购与统一配送。零售商将采购权与物流配送权让渡商会，由商会负责与供应商谈判并确定商品的最终进价，各个零售商享受统一的商品进货价，而且零售商不必与供应商单独签订合同，只需在商会注册即可自行得到供应商的认可；商会还负责与物流公司或者是供应商谈判，确保商品安全送达各个零售商。零售商只需提前将自己的商品需求数量、时间、交易额等交付商会，其余的由商会安排即可。

最后，保证商会的正常运行与不断发展。各个零售商需要按期交纳会费，用作商会工作人员的工资发放以及商会在处理各类事件时的资源保证，以此保证商会常设机构的正常运转，随时为零售商服务。同时，建立严格的监督机制，商会必须在内部公开自己的账目，将每笔花费做详细记录，定期接受会员的检查，并认真回答商会成员的质疑，保证商会的非营利性、公益性。只有这样，商会才能取得长久的发展，否则，商会很容易陷入信任危机而导致成员分崩离析，最终带来商会的土崩瓦解。

5.3.3.3 利用公共交通运输业转物流业的契机，加强与公共交通系统的合作

长期以来，农村的公共交通明显存在运力过剩的问题，据此，国家已开始审议运输业向物流业转化的问题，并且在一些地区，运输业已经开始了向物流业的转化过程，开始承担一些简单的商品运输任务（司景萍、林丽华，2002）。公共交通转物流业具有明显的优势，公共交通已经形成覆盖整个区域的网络系统，能够担负起区域市场内的商品运输（见图5－3）。公共交通转物流业不需要为此投入额外的高额固定资本投资，而且能够充分利用运力、发挥规模经济优势，所以在运输价格方面也更具有竞争优势。农村零售企业可以抓住这一契机，积极开展与公共交通系统的合作，在保证商品及时供应的同时，尽可能降低自己的运输成本。

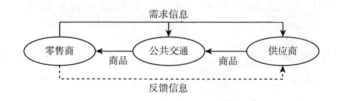

图5－3 采用的公共交通物流配送模式

首先，农村零售商需要确定最优的公共交通路线。并不是所有的商品都能通过公共交通工具运输，就当前一些地区的试运营来看，公共交通工具只能运输一些包装良好、损失率较低的商品，运输的数量也较少，因此，零售商首要的问题便是确定究竟哪些商品需要通过公共交通运输，据此得出商品的来源地。但是很少有供应商能够为农村零售商提供"一站式购物"，并且供应商的分布往往也比较分散，所以大部分情况下农村零售商的商品来源地不止一个，而是由许多来源地构成的点的集合。农村零售商需要分析各个来源地与彼此之间的公共交通路线构成的网站结构，确定最优的公共交通路线运送自己的商品。

其次，与公共交通部门、供应商建立良好的合作关系。借助公共交通工具实现自己的商品运输需要，供应商与公共交通部门的鼎力支持，与两者建立稳固的合作关系是非常必要的。并且，采用公共交通的物流配送模式不仅涉及零售商与供应商、零售商与公共交通部门之间的关系，供应商也要与公共交通部门建立良好的合作关系，只有这样才能实现信息与物品的环形传递，最终促成交易的顺利完成。

最后，还要确保三者之间有效的信息沟通。建立零售商、供应商、公共交通系统之间的信息沟通体系，确保零售商发出的商品需求信息能够传递到公共交通系统与供应商，以便公共交通系统安排就近的车辆以及供应商及时准备好商品实现两者之间的有效对接。同时也要保证及时将反馈信息传递给供应商，以便及时更换出错商品或安排付款事宜。

5.4　管理创新：提升农村零售业管理
水平的理论解读

随着经济全球化和知识化的飞速发展、新技术的普遍使用，零售业也向知识密集型产业转化，知识、信息技术将成为比货币资本、实物资本更为重要的资本，商品、服务的知识含量也必然提高（国翠玉，2007）。国内外零售企业的成功经验对农村零售企业的管理创新提供了丰富的选择空间和多样化的发展方向，现代技术的进步也为零售业的管理创新提供了保障。因此，新的经济格局和市场竞争环境要求我们的零售业必须进行管理创新，努力提高经营管理水平（王莉，2012）。但是，管理混乱、经营落伍的现实状况已经严重制约了农村零售业的进一步发展，传统的经营模式越来越不能满足消费者的需求。如何利用当地企业在文化、人脉上的优势，迅速学习并使用国内外大型零售业先进的管理经验，克服资金、人才紧缺的"瓶颈"制约，转变传统的经营理念、战略和手段，成为农村零售业进行管理创新的关键（柳春岩，2006）。为此，我们围绕经营战略创新以及经营手段创新对于农村零售业创新进行系统阐述。

5.4.1 经营战略创新

随着市场不确定因素的增多，农村零售企业要随时随地对市场变化做出快速的反应，而且要根据国家和地方的宏观经济发展规划、产业政策和市场竞争状况，结合企业内部资源，进行切实可行的经营战略创新，以取得市场竞争的主动权。我国农村零售业乃至城市零售业普遍存在这样的现象——重战术，轻战略。零售企业动用大量资源采用各种营销手段吸引新的顾客，但却忽视保持原有的顾客，而吸引新顾客要比维系老顾客花费更高的成本，这往往造成销售成本的不断上升，顾客的不断流失以及效益的不断滑坡。因此，零售企业需要站在全局的角度，改变短期的投机行为，从而进行经营战略的创新。

农村零售企业经营战略创新的核心是改变企业经营过程中的不合理部分，扩大市场份额，保持顾客忠诚，彻底改变只追求短期利益的营销投机行为。为此，农村企业必须真正站在战略的高度，从迈克尔·波特价值链的视角出发，赋予经营战略全新的含义，使企业与顾客的关系由短期的交易关系发展为长期的合作伙伴。所谓价值链是指一个由产品设计、生产、营销、服务以及对经营其辅助作用的各种活动的结合，其核心是将企业的所有资源和能力，价值活动与企业的战略目标紧密连接起来，以价值增值为目的，形成一个简明而清晰的结构框架。由于消费者已经成为信息时代价值链的主角，是产品和服务的主动设计者，零售企业只有适应消费者需求的变化才能为市场所接受。因此，随着企业竞争环境已经发生巨大的变化，企业要重新思考如何向消费者传递价值，重新明确顾客面临的问题，重新确定解决的办法，根据消费者的需要，创造新的市场空间。

首先，农村零售企业需要对目前的战略与使命进行准确的识别，明确自己的目标定位，为企业创新经营战略提供依据。当前，农村零售企业往往将自己定位成为周边顾客提供简单的生活用品，满足消费者的日常生活需要。但是随着居民收入水平的提高，消费者的消费需求已经从生存性需求转变为享受型需求。因此，农村零售企业除了满足消费者对于衣食住行方面的需要外，还要不断丰富产品、优化店铺环境、改善人员服务以满足消费者更高层次的需求。

其次，农村零售企业需要不断分析外部环境发现机会与威胁，分析内部资源和能力，识别优势和劣势，为企业制定具体的战略。一方面企业需要紧密联系消费者与市场，跟踪消费者需求与市场的快速变化，及早发现消费者的新需求，及时掌握上市的新产品，为实现两者之间的完美对接创造条件。同时，还要对周边的竞争对手保持清醒的认识，对于竞争对手的竞争策略保持高度的敏感性。另一方面，企业需要对于自身的竞争实力有着充分的了解，明白自己能够做哪些，哪些可以做，将来还可以做哪些。

最后，企业需要根据外部环境与内部资源与能力的变化不断更新自己的战略，切忌将战略变成死板的教条。战略只是为企业指明前进的方向，并不能代替企业的具体行动，而且战略并不意味着一成不变。战略必须适应内外部环境的变化，否则战略的效用将大打折扣甚至出现负向作用。

5.4.2　经营手段创新

尽管我国农村的基础设施建设比较落后，对于农村零售业的发展而言更是如此，但是现代化的通信技术依然可以为农村零售企业经营手段的创新提供强有力的物质保障。实践显示，农村零售商与顾客之间的交流已不仅仅局限于实体商店，邮寄服务和电子商务这样的经营手段也已经开始被商家应用于经营，尽管还没有得到广泛的普及，但毕竟迈出了可喜的第一步。就目前农村零售业的经营情况来看，实体商店交易仍然是零售双方买卖的主要手段，但长期来看，以信息技术为代表的后现代营销必将成为未来的主流。因此，面对新的竞争形势，农村零售企业必须在传统经营方式的基础上，进行经营手段的创新。

一方面，零售企业可以建立顾客数据库，作为记录顾客个人信息与交易行为信息的中心存储库。数据库的内容要全面，既要统计顾客的个人资料如家庭住址、家庭收入水平等，还要记录每次详细的消费记录、信用状况、对公司产品和服务的评价等信息。之后，企业通过技术手段对收集来的信息进行分析、整理，将纷繁复杂的信息转化为对企业有用的营销信息。通过这样的一系列鉴别，可以辨别经常购买公司产品且购买量大、对公司业务有重要影响的优质客户群体和经常购买公司产品但购买量小的次优群体以及偶尔购买的一般群体，确认出最佳顾客，并考虑为其提供特殊服务，而且企业还要根据顾客的评价发现顾客尚未满足的需求以及本企业存在的不足，从而积极做出调整，争取最大规模的消费群体。另外，企业还可以向最佳顾客发放会员卡，以彰显其尊贵的最佳顾客的身份，并向其提供一系列优惠，强化消费者的店铺忠诚度。

另一方面，零售企业可以通过建立企业网站，提高网上交易量。在调研的过程中，我们发现，尽管实体店依然是农村居民的主要购物场所，但他们收集信息的渠道却已经开始实现网络化，很多消费者根据网上对各个店铺的评价选择自己的购物场所。随着互联网在农村的逐步普及，上网搜集商品和服务信息的人越来越多，所以零售企业有必要加强网站建设，通过互联网紧密与顾客的联系。零售企业不应放弃网上交易这块市场份额，针对农村消费者，精心设计网站，并通过为每类商品设计简单容易操作的网页向顾客传递有价值的信息。还可以通过有奖问卷等形式与顾客互动，以低廉的成本收集顾客的偏好，以便有针对性地向特定顾客推荐商品，并追踪顾客购买行为，强化企业与消费者之间的联系。此外，利用收集来的顾客数据库中目标消费者的邮件地址，通过向其发送电子邮件与顾客进行一对一的交流，尽可能多地了解消费者的兴趣、爱好、需要和动机，以便及时为农村消费者提供帮助，尽可能多地了解到哪些顾客容易对价格敏感，哪些顾客对新产品感兴趣，从而定期向目标顾客发送有独特价值的信息，影响和引导购买行为。

5.5　小　　结

本章分别从业态创新、营销创新、物流创新、管理创新四个方面分析了农村零售业创新的路径选择，不仅为农村零售企业实现自我升级改造提供了借鉴经验，而且对于城市零售企业进军农村市场指明了前进的方向。

首先，就业态创新而言，我们根据农村消费者需求构建了不同于以往任何一种业态模式的新型零售业态。但是，需要注意的是，由于我国各地区之间存在显著差异，特别是东西部之间，不仅体现在地理与气候条件方面，更重要的是经济发展水平、居民生活方式等方面的差异，这对于新型零售业态的应用存在很大的影响。不同地区的零售商需要根据各地的消费者需求调整该业态形式，换句话说，本章以东北地区消费者需求为依据构建新型业态形式只是为大家提供一个思路，并不能作为其他地区开设店铺的指导文件。

其次，营销创新采用了大商集团的案例，对于城市零售企业进军农村市场提供了一个完美的范例，大商集团在产品、价格、服务、促销等方面采用的营销策略对于即将进入农村市场的城市零售企业以及当下的农村零售企业都具有重要的借鉴意义。

再次，物流创新分析了当下农村零售业物流配送现状，并对各自的优劣势给出了具体的阐述。在此基础上，对于农村零售业的物流发展提供了两点思路：一是综合运用现有的三种物流配送模式；二是突破现有的物流运作模式，采用集约化的物流配送或者寻求与公共交通部门的合作。

　　最后，本章主要针对当下的农村零售企业，从经营理念、经营战略、经营手段三个方面论述了农村零售业的管理创新路径。由于资料所限以及农村零售业的复杂状况，只是从理论方面给出解读，并没有给具体的案例或者操作程序，但是对于农村零售企业进行管理创新依然具有一定的理论指导。

第 6 章

破坏性创新在农村零售创新中的应用

尽管在第 5 章我们已经提出了诸多关于农村零售业的创新途径，但以上创新均是围绕农村零售业的维持性创新来论述的，这种维持性创新虽然在很大程度上能够继续保持甚至促进农村零售业的发展，但是却很难大幅提高农村商贸流通业的市场绩效，彻底改变农村流通业的落后面貌。鉴于此种状况，我们认为当前学术界关注较多的破坏性创新所成功开发出的产品、服务、技术、过程或商业模式，它们能够有效改变农村零售组织传统的竞争规则，并改变现有市场上的需求，从而在根本上解决农村零售业竞争力低下的弊端。于是在这里我们引入零售企业破坏性创新的理论模型，来进一步研究破坏性创新对农村零售业的促进作用。

6.1 对破坏性创新内涵的深度理解

破坏性创新的概念由 Christensen（1997）率先提出，指企业偏离主流市场用户所重视的绩效属性，引入低端用户或新用户看重的绩效属性或属性组合的产品或服务，通过先占领低端市场或新市场，再逐渐破坏或取代现存主流市场的产品或服务的一类创新。在 Christensen（1997）看来，破坏性创新可分为低端破坏（low-end disruption）和新市场破坏（new-market disruption）。低端破坏植根于最初的价值网络或主流的价值网络，它并不创造市场，而是以低成本的商业模式，通过吸引主流企业不看重的低端顾客的消费而发展壮大。这些顾客以前也购买主流产品，由于价格较贵，购买量可能很小。而一旦有了价格更合适的类似产品，他们将非常乐意接受。新市场破坏与当前的"非消费"进行竞争，主要满足那些由于缺钱或缺乏技能而无法购买自己需要东西的顾客的需求。新市场破坏产品价格更适宜，使用更简单，使得一个新群体能更方便地拥有并使用这些产品。继 Christensen（1997）之后，其他学者也对破坏性创新提出了各自的见解，如 Leifer（2001）认为，破坏性创新是使产品、流程或服务不具有组织先前行为的特征或具有相似特征的创新，它将使现有市场发生改变或者创造出一个全新的市场。Danneels（2004）则单纯从技术的角度界定破坏性创新，认为破坏性创新是通过改变企业竞争所遵循的性能衡量标准从而改变竞争基础的技术。我国最早关注破坏性创新的学者是吴贵生（1997），他认为破坏性创新往往是提供一套差别较大的产品性能组合或者不同的性能实现方式，同时他将破坏性创新等同于竞争力破坏的创新。陈劲（2002）认为破坏性创新是基于破坏性技术的创新，是那些在不是按照企业主流用户的需求性能改进轨道上进行改进的创新，也可能是暂时不能满足企业主流用户需求的创新。付玉秀、张洪石（2004）则将破坏性创新界定为导致产品性能主要指标发生巨大跃迁，对市场规则、竞争态势、产业版图具有决定性影响，甚至导致产业重新洗牌的一类创新。

从以上定义可以看出，众多学者对破坏性创新的理解虽有差别，但也存在一些共性：一是，所有破坏性创新的定义基本都是从对经济、市场、产业的影响出发的。二是，破坏性创新产品的出现往往改变市场规则和竞争态势，甚至导致整个产业重新洗牌，包括通过大幅度降低成本、提高产品的技术性能等途径，使采用传统技术的公司因无法赢利而退出市场，使市场上的领先企业溃败，新企业崛起；或者产生一个新产业，摧毁旧的产业。

简言之，破坏性创新不同于在主流市场上，在位者对现有产品性能持续改进的维持性创新，而是一种为了便利性和低价格而打破原有市场竞争基础的创新。Nelson、Winter（1982）认为是否改变了原有的性能改进轨道是区分破坏性创新和维持性创新的重要标志。从技术改进的轨道上来说，维持性创新依然在行业原有的技术轨道上前进，以满足主流客户的性能改进需求；而破坏性创新的技术改进轨道已经偏离了行业原有性能改进轨道，因为破坏性创新是那些并非按照行业主流用户的需求性能改进轨道上进行改进的，而是暂时还不能满足行业主流用户的创新。应当指出的是尽管破坏性创新的过程轨迹是剧烈波动的（一开始的技术水平比较低），但其最终结果——破坏式技术或有关产品的技术性能，最终要比维持性创新高得多。一些理论研究表明，通过破坏性创新创建的新业务成功的概率比通过维持性创新要高 10 倍以上（张军，2007）。

6.2 零售企业破坏性创新及其制约因素：一个理论模型

在改革开放初期，我国零售业非常落后，而国外零售企业相对而言发展的已经比较成熟，当改革开放允许外资零售企业进驻中国的时候，给本土零售企业带来了巨大的威胁，为了在竞争中生存和发展，我国本土零售企业积极向外资零售企业学习，但这种学习多半是停留在对它们的业态、商品布局、营销方式等方面的复制。因此，虽然近几十年来我国零售业发展十分迅速，也成长起来一大批本土零售企业，其中佼佼者如苏宁、大商等零售企业销售额甚至突破千亿元，但是由于缺乏富有自我特色的创新，这使得本土零售企业依旧很难超越国际零售企业。中国本土零售企业要想走得更远，就必须尝试在一些特色市场上，通过破坏性创新，形成具有本土化特色的零售模式，这样才能形成独特的竞争优势，在竞争中胜过外资零售企业。

6.2.1 零售企业破坏性创新的空间基础

破坏性创新是一项复杂的创新活动，而且企业采用这种策略一般是为了避免与当前主流市场上的领先者产生直接竞争，因此，它的切入点往往与维持创新不同，往往适用于一些相对低端市场或是新的市场。在中国当前市场环境下，各级城市的低端市场以及广大农村地区构成了零售企业破坏性创新的空间基础。

（1）城市低端市场。因我国地理位置（东部、中部、西部）和人口特点（城乡人口结构、收入水平、生活方式、价值观念等）不同导致的需求结构和购买力千差万别，我国零售市场呈现多层次性，覆盖了从低端到高端的广泛范围。自零售业对外开放以来，国外连锁零售品牌抢滩中国零售市场的路线是：从东部沿海发达地区，向中部地区，再向西部地区推进，从一线大型城市登陆并形成一定商业布局后，再向二线城市挥师进军，而且外资零售企业进驻每个城市的战略大多是抢占城市原有的商业中心和部分中、高端市场，以大型多功能的现代化购物中心和百货店，实行连锁经营的大型和超大型的超级市场为主，而对于低端市场则很少涉足，如此形势正为低端破坏提供了广阔的机会。尤其是在中国二线、三线城市存在着广阔的低端市场，这为零售企业开展破坏性创新提供了空间基础。

（2）农村消费市场。首先，我国农村市场具有巨大可挖掘的潜力。我国是一个农业大国，虽然近些年城市化的节奏非常快，城镇人口也在急剧增加，但是我国农村消费者数量依旧庞大。据尼尔森最新研究报告显示，我国农村消费者多达 6.5 亿人，市场容量 5000 亿美元。同时，伴随着经济的快速发展以及国家对三农问题的高度关注，农村消费者的经济状况还在进一步改善。2011 年中国农村居民净收入增长 11.4%，相较于城市居民的8.4% 高出 3 个百分点。由此可见，中国农村消费者市场是一个正在快速发展的消费品市场，其中蕴藏着无限商机。其次，农村市场相较于城市市场属于低端市场。受基础设施的影响，很多零售渠道无法完全覆盖广大的农村零售市场，因此，农村消费品市场上的商品品种远少于城市零售市场。而且农村消费品市场上的商品质量也远不如城市市场，甚至还存在大量的假冒伪劣产品。此外，因为农村消费者的收入相对较低，对体验式店铺氛围、商品的品牌、商品的高技术含量或是附加价值关注的程度低，购物时更加注重一些基本的功能，如"简单、便捷、廉价"。最后，涉足农村消费品市场的领先零售企业较少。目前农村消费品市场上的零售商主要是以夫妻店、杂货店、农家店、马路市场、街边市场状态的传统集贸市场的形式存在，这类零售主体的经营能力小，规范化、组织化程度低，难以有效形成竞争力，同时也越来越难以满足农村消费者日益增长的消费需求。另外，目前国内大型零售商的战场主要还是集中在城市市场上，虽然有些大型零售企业已经开始触及农村市场，如"万村千乡市场工程"和"双百工程"，但是这些都还处于尝试阶段，覆盖的农村区域非常有限，并未形成规模优势。所以广大的农村消费市场为本土零售企业提供了破坏性创新的深厚沃土。

6.2.2　零售企业破坏性创新的过程

对于中国零售企业而言，虽然零售市场具备实施破坏性创新的条件，但是究竟如何具体实施破坏性创新，却依旧是一个困扰着零售企业的难题。零售企业的破坏性创新往往是由一些比较小而新的想法集合触发的，但其过程是环环相扣的，始终遵循"识别—发展—计划—实施"四个基本发展过程，并且可进一步细分为发现问题、寻找真相、界定问题、发展思路、提出计划、检验计划、实施计划等细分步骤。不仅每两个相邻的细分步骤构成一个探索和反馈的小回环，而且当所有细分步骤顺时针发展时会形成一个进行探索与开发的大回环，逆时针发展则构成了一个学习或放弃陈旧知识的大回环。同时，四个基本过程中的每一个自身又都是由相关细分步骤构成的一个中型回环。如"识别"这一基本过程本身是由发现问题、寻找真相、问题界定这三个细分步骤构成的一个中型回环，同时这三个细分步骤中每相邻的两个又构成一个探索与学习的小回环。以"识别"这一基本过程为例，就是在时间允许的前提下，当零售企业通过各种信号觉察出自身经营或零售市场中的异常后，首先会详细且有针对性地收集相关的经营或市场状况异常的实际事例，然后通过分析收集来的实际事例对早先觉察出的问题做出界定，从而完成问题识别环节。在进行发现问题、寻找真相、问题界定这三个具体的细分步骤时，发现的问题决定着寻找真相时要收集的实际事例，同时对收集的实际事例的分析可能会修正发现问题环节对问题的认识，这样就构成一个小的回环。同样，收集的事例决定着怎样界定问题，同时对问题的界定也会反过来影响事例收集，二者也构成一个小回环。

在这个大环套小环的基本框架下，零售企业的破坏性创新的过程本质上是一个寻找与选择，探索与实验，学习新知识与淘汰旧知识的过程，也是一个分散思考与趋同思考的循环，还是一个探索与学习或反馈的相互作用的复杂过程。与线性上升的创新过程不同，破坏性创新过程是一个螺旋式循环上升的发展过程，其中包含着持续的快速前馈与反馈的回环（如图6-1所示）。

零售企业的破坏性创新过程同时也是一个整体的、相互依赖的系统，它是建立在系统思考以及把学习作为核心内容的动态战略思考的基础上的。它受到许多零售企业外部外生因素的影响，这些因素中既包括如经济、社会、政治等基础性外部因素，还包括诸如竞争对手、供应商、顾客等具体性外部因素；同时还受到许多零售企业内部的内生因素的影响，如组织资源、组织战略、组织文化等。

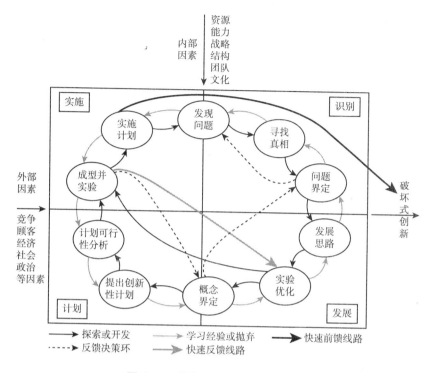

图6-1　零售企业破坏性创新过程

6.2.3　零售企业破坏性创新的制约因素

零售企业破坏性创新在实施过程中，会遇到很多来自企业内部或外部的制约因素，而企业内部的阻力正是真正限制企业进行破坏性创新活动的重要因素，以至于难以培育出破坏性创新能力。本文围绕零售企业破坏性创新过程对一些零售企业破坏性创新的内部制约因素进行分析，这些因素之间的关系错综复杂，但是大体可以归纳为以下四组。

6.2.3.1　行为采纳障碍

所谓行为采纳障碍，是指大多数零售企业受路径依赖影响，同时缺乏二元组织结构，官僚主义作风明显，从而严重影响破坏性创新的采纳，使企业活动总是试图按照既有的标准、经验来开展，难免落入周而复始的循环中难以突破，最终导致企业发展窒息。

（1）路径依赖。现有成功的商业模式与产品的背后是由一系列诸如组织结构、流程、资源分配、管理和文化等与之相配套的因素进行支持与保障的。而这些因素都具有不同程度的稳定性，对它们进行调整，并使组织重新适应需要耗费极大的物力、财力、时间、心理等成本，因此，多数企业更倾向于延续过去的行为方式，在稳定而熟悉的环境中继续经营，即产生所谓的路径依赖，它会使零售企业选择只对现有成功经营模式或产品进行必要的、稳定的维持性创新，而不会选择使企业跳出圈外、另辟蹊径的破坏性创新想法。在维持与破坏之间，产生路径依赖的企业更倾向于选择维持性创新而排斥破坏性创新。

（2）过多的官僚主义。如果一个企业致力于维护现有的成功商业模式与产品设计范式，那么将很容易产生官僚主义。在官僚主义氛围下，人们习惯于把问题逐级上交，每一个项目和计划都要经过层层审批。在这样的组织氛围下，员工的创新和一些别出心裁的小想法难以得到及时的讨论和发展，而破坏性创新恰是一些比较小的创新想法的集合，因此，过多的官僚主义会使零售企业破坏性创新思想的采纳受到阻碍，也会导致该企业对新技术反应迟钝。

（3）缺乏二元组织结构。由于不同创新模式对组织结构的要求也有所不同，因此维持性创新和破坏性创新这两种不同特性的创新也要求企业需要采取不同的组织结构。进行维持性创新要求的组织结构，是具有严格的操作流程和紧密的正式组织，而进行破坏性创新则要求企业具有松散的组织形式，同时企业还必须具备研究、开发和勇于开拓的能力。但囿于固有经营模式的企业在致力于维持性创新的同时也造就了严密、正规与标准化的组织结构。对于如何破解破坏性创新在组织结构上的难题，很多学者们认为可行的方法是在组织内部构建二元组织结构，即在原有正式组织内部再新成立一个专门从事破坏性创新的团队，这个团队具有较高的独立自主性，拥有自己的管理团队、组织结构、组织文化及组织流程。团队主要是由相对年轻的员工组成的，并由受人尊敬的权威人士牵头进行破坏性创新研究。该团队与企业主体实行完全分离，以保证不受现有组织文化的妨碍。然而我国绝大多数零售企业现阶段仍然在努力追求正规化、标准化、制度化、程序化，仍然停留在竭尽全力打造正式组织，进行维持性创新的阶段，这样做的结果导致企业难以对破坏性创新进行采纳，只有极少数企业有意识对组织结构进行调整，培育破坏性创新。

6.2.3.2　思想障碍

思想障碍是单纯从新旧知识的角度衡量的一类障碍。受组织旧有知识体系和固定思维模式的影响，企业无法丢弃正在使用的一些理论知识，即所谓的"使用中理论"，而这些知识很可能是陈旧的、影响破坏性创新的。首先，企业陈旧的知识体系是在维持性创新中逐渐积累形成的，这些陈旧知识具有路径依赖效应，很难被企业抛弃，而且现有成功的商业模式往往也使零售企业在进行破坏性创新时依然无法消除旧有知识的影响。其次，企业陈旧的知识体系和原有的商业模式使企业不可避免的产生固定的思维模式。这种固定思维会使企业将注意力仅仅集中在保住现有顾客和业务，反而将破坏性创新思想视为"威胁"，结果往往不但错失了增长的机会还会导致企业走向毁灭。

6.2.3.3　风险障碍

风险障碍是在组织的学习困境及高风险和不确定性环境下产生的，也受到现实收入不足等客观因素影响，从而在组织内部形成一种风险厌恶氛围，制约着破坏性创新的发展。

（1）高风险与不确定性。零售企业进行破坏性创新面临着两方面的风险：一是来自零售市场的风险，二是来自破坏式性创新活动本身的风险。

一方面，零售市场越来越多变并且趋向微利的现状使零售企业在开展破坏式创新时不得不考虑破坏性创新产品的生命周期以及其潜在的市场前景与赢利水平。更重要的是，破坏性创新本身就是一项高风险与高不确定性的活动。雷夫尔等（Leifer 等，2000）总结出破坏性创新中所面临的四种类型的不确定性，即技术不确定性、市场不确定性、资源不确定性和组织不确定性。这些风险都制约着企业的破坏性创新行为。

（2）风险厌恶氛围。风险厌恶氛围由学习困境和高风险及不确定性所产生。所谓学习困境是维持现有成功零售商业模式与打破这种模式以期将来培育出破坏性创新两者之间矛盾的具体体现。学习困境会使得零售企业缺乏市场洞察力、预测力和创新能力，同时由于企业的思维会产生严重惯性和依附性，努力维护主流产品抵制破坏，所以企业中很容易形成一种风险厌恶氛围，严重阻碍着破坏性创新的开展。在零售企业中即便一个破坏性创新的观点被接受了，这也并不意味着它就会给企业带来一种创造性的发展，要实现这种发展，需要一种氛围，这种氛围下企业应该能够勇于接受不确定性，能接受反常的观点，还得能接受"探索—学习"这一运营方式。但现实是当风险和不确定性很高时，破坏性创新的观点很难得到管理层的支持，而且在通常情况下零售业破坏性创新计划的失败率是很高的，所以，高昂的开发成本、极低的成功率使得零售商们不敢投资于"疯狂的新想法"。

（3）缺乏现实收入。较之维持性创新的主流市场来说，破坏性创新目标市场通常都是市场容量较小且具有极大的不可预测性和不确定性的非主流市场，而且通常情况下破坏性创新并不能迅速给企业带来效益，并且对破坏性创新的投资现金回报进行预测也是比较困难的。因此破坏性创新活动往往难以得到企业资金上的支持。而零售业作为一个微利行业，在利润率空间不大的情况下，企业更不愿意承担破坏性创新的风险。

6.2.3.4　创新过程的先期障碍

破坏性创新需要一种原发性的动力，这与敏锐的市场洞察力有关，所谓创新过程的先期障碍就是指缺乏这种原发动力而导致的一类障碍。

（1）缺乏市场洞察力。在对维持性创新分析中，传统的预测方法能够为组织提供很多帮助，因为市场的容量，未来增长率，维持性技术发展轨迹，主要顾客需求等参量可以通过市场调查获得（虽然也会有偏差，但是这种偏差是可以估计和接受的）。而当破坏性创新到来的时候，应用常规调研方法分析就很难奏效，因为这时可获得的数据、信息几乎为零。然而习惯了依赖于市场调查做决策的零售企业，一旦面临市场调查失效，就好像人失去了一切感官，而在市场上变得茫然。破坏性创新创造的是全新的市场，在市场调查不能为是否应该进行破坏性创新提供决策依据时，零售企业自身的市场洞察力和预测能力就显得尤为重要了。沃尔玛的成功很关键的一部分是因为其拥有敏锐的市场洞察力和预测力，如沃尔玛当年创造性的第一个将条形码技术运用到零售业中并不是缜密市场调研的结果，而是其敏锐的市场洞察力和预测力的产物，沃尔玛从此也打开了零售业崭新的一页。但是对于中国零售企业而言，市场洞察力的普遍缺失制约着企业破坏性创新活动的开展。

（2）管理层的变换。破坏性创新的突出特点是创新周期长，根据创新程度的不同，从新思想的提出直到取得创新的成功，所需要的时间从数年到上百年不等。仅从发明到商业化上的创新成功就需要很长的时间。长期的发展计划是零售商开展破坏性创新项目的根本保证，拥有破坏性创新成果的零售企业一般都有长期的发展计划。这么长的项目周期，很容易出现人事更换问题，如果具有破坏性创新思想的项目管理层人员离职或被更换，就会严重影响破坏性创新承诺的连续性，从而使破坏性创新的原动力丧失，进而同样会导致创新过程管理不当，影响企业破坏性创新能力的培育（见图6-2）。

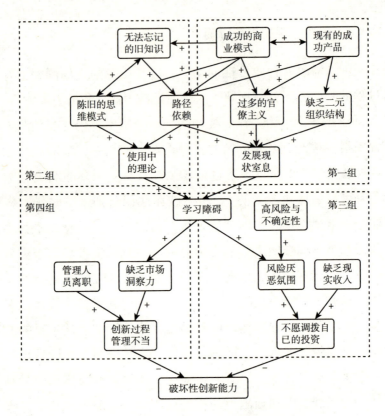

图6-2 零售企业破坏性创新制约因素关联

6.2.4 结语

破坏性创新不同于旨在争夺现有市场的维持性创新，而是避开现有竞争，另辟蹊径的创新方式。虽然一直以来本土零售业在模仿性的维持性创新道路上缓慢前行着，但大多数本土零售企业目前仍旧处于国外零售企业的夹缝中，举步维艰。这一现状至少说明维持性创新并不像想象中那般适合中国零售业，为了尽早摆脱这种单纯亦步亦趋地跟在国外零售企业背后的困境，本土零售企业应该考虑转变发展方式，破坏性创新方式或许就是一个很好的选择。

该部分研究分析了本土零售企业进行破坏性创新的空间基础，指出二、三线城市低端市场以及广大的农村消费市场是进行破坏性创新的沃土。继而尝试构造了零售企业进行破坏性创新的过程模型，并通过分析指出破坏性创新过程并不是维持性创新这种线性上升的过程，而是螺旋式循环上升的过程，并且受到组织内外部许多变量的影响。最后构造了零售企业进行破坏性创新的内部制约因素模型，识别出四组妨碍组织破坏性创新活动的因素，分别为行为采纳障碍、思想障碍、风险障碍、创新过程的先期障碍。

6.3　中国农村零售业破坏性创新的实证检验

商务部推广实施"万村千乡工程"和"家电下乡工程"，目的是改造农村传统零售业的落后现状，鼓励城市商业企业积极开拓农村市场，切实解决农民消费品的便利性与安全性问题。但是农村传统商业本身缺乏变革的原动力，而城市商业企业虽然意识到农村市场是一个规模庞大，有待开发的市场，但往往并不愿意涉足农村市场，这是因为农村居民的消费心理和消费习惯与城市居民相比有很大差异，在城市发展经营很好的零售企业在农村未必能茁壮成长，因此城市商业企业对能否在农村市场获取利润存在很大疑惑。汪旭晖、徐健（2009）指出由于城乡文化差异，城市成熟业态模式并不能完全适应农村市场，农村业态创新模式具有很强的与农民消费行为相适应的农村化特征。所以零售企业在农村市场发展必须有创新性的思维，而这种创新应是一种破坏性的创新。然而当前国内外学术界与实业界对破坏性创新的理解较为模糊，将破坏性创新理论运用到零售业经营的研究成果还不多见。那么农村零售业破坏性创新究竟包含哪些战略？它的实施过程受到哪些因素影响，不同战略的效果又如何？对这些问题的解答将有助于改变目前农村零售业的落后面貌，拉动农村消费增长，对新农村建设起到了重要的推动作用。

6.3.1 中国农村零售业破坏性创新的实证检验

破坏性创新可分为低端破坏（low-end disruption）和新市场破坏（new-market disruption）。对农村零售业者而言，无论实施哪一种破坏性创新战略，都受到其组织内部因素的影响，这些内部因素可分成两类，一类是自身经营实力，包括资本实力及良好的资源获取能力（张军，2007）；另一类则是组织学习能力，组织学习可导致创新战略的采纳与实施，并可成为企业竞争优势的重要源泉（Stata，1989；Mabey and Salaman，1995）。因此，本书提出如下假设：

H1：农村零售业者自身经营实力对采用现有市场低端破坏战略具有显著正向影响。

H2：农村零售业者自身经营实力对采用新市场破坏战略具有显著正向影响。

H3：农村零售业者组织学习能力对采用现有市场低端破坏战略具有显著正向影响。

H4：农村零售业者组织学习能力对采用新市场破坏战略具有显著正向影响。

企业破坏性战略的实施也会受到组织外部因素的影响。一般而言，战略与竞争环境往往具有较强的匹配关系，选用战略前必要的竞争环境扫描是企业战略选择的前提（Andrews，1986；Marnix，2006）。而市场需求变化会使得企业的生存环境变得异常动荡和复杂，增强了企业的竞争压力，所以本书提出如下假设：

H5：竞争环境压力对农村零售业者采用现有市场低端破坏战略具有显著正向影响。

H6：竞争环境压力对农村零售业者采用新市场破坏战略具有显著正向影响。

H7：市场需求对农村零售业者采用现有市场低端破坏战略具有显著正向影响。

H8：市场需求对农村零售业者采用新市场破坏战略具有显著正向影响。

低端破坏和新市场破坏这两种破坏性创新战略在目标市场、市场特质、优势扩散、价值网络塑造、具体的竞争策略方面有很大的差异，但是往往都会对企业绩效产生积极影响，据此提出如下假设：

H9：采用现有市场低端破坏战略对农村零售业者市场绩效具有显著正向影响。

H10：采用新市场破坏战略对农村零售业者市场绩效具有显著正向影响。

基于上述假设，构造本书研究的概念模型如图6-3所示。

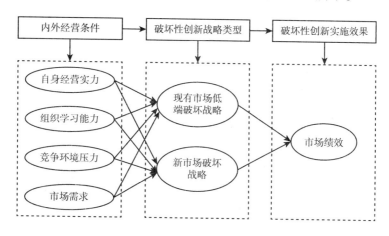

图6-3 概念模型

6.3.2 研究设计

6.3.2.1 量表开发

为了使量表符合农村零售业发展的研究背景，我们首先走访了辽宁省境内的9家"万村千乡"店，分别是辽宁沈阳市法库县超市发自选加盟店、超市发新光直营店、超市发百姓加盟店，大连市獐子岛金玛超市兴华加盟店、大连旅顺口区金玛超市铁山镇张家沟村顺达加盟店、大连旅顺口区供销大厦好益家中央街便民店、大连金州区登沙河镇昌临旺客隆，鞍山市千山乡七岭子村佳泰乐眼矿连锁超市，锦州北宁市北镇百货大楼大屯乡便民店。我们对这些"万村千乡"店的经营者进行了深度访谈，考虑到大多数人可能对破坏性创新的内涵并不熟悉，所以我们在访谈时，规避了"破坏性创新"的字样，只是一般性地了解"万村千乡"店创新性经营活动的开展情况，例如，访谈人员询问在当前竞争环境下，店铺是否有必要开展创新活动，创新活动有哪些类型，效果怎样？有哪些因素影响着商家的创新行为。在征得被访人同意的情况下，访谈的内容由访谈主持人员进行现场录音，随后根据录音对每个访谈内容进行文字整理。被访问者都同意对访谈进行录音，因此我们得到9份访谈内容并分别进行了整理，最后基于这些访谈内容总结出定性研究报告。访谈发现多数"万村千乡"店开展了许多有别于城市零售业者的创新活动，包括商店的定位、店堂布置、价格策略与服务策略等，而其中确实存在着破坏性创新战略的应用。在此基础上，我们结合国内外相关文献以及同部分专家学者的座谈，形成了最终调查量表。

6.3.2.2 样本选取及数据采集

本书问卷调查以国内"万村千乡"店为对象展开，我们利用2010年1

月至 3 月寒假期间组织了东北财经大学市场营销、工商管理和物流管理等专业的 50 余名硕士生、本科生，利用放假回家的机会在其家乡农村地区发放问卷进行调查。为了确保问卷调查质量，我们首先对参与调查的学生进行了筛选，在满足专业要求的基础上，我们通过广泛了解，主要选择那些来自农村地区同时对家庭所在地的"万村千乡"店熟识的学生实施调查。我们在调研前对所有参与调查的学生进行了培训，为了降低受访者理解上的偏差而对数据产生影响，我们要求调查员必要时要向受访者解释部分问项。研究总共发放了 500 份问卷，最终回收问卷共 439 份，去除部分内容填写不完整或明显有误的问卷（如大量遗漏、内容肆意填写），并且剔除破坏性创新不明显及"万村千乡"工程承办企业在同一地区过于集中的问卷，最终获得适合本研究的有效问卷为 151 份。问卷由"万村千乡"店的经营者填写。

6.3.3 数据分析

6.3.3.1 信度与效度检验

本研究的内部一致性信度由组合信度（Composite Reliability）来测量（Fornell & Larcker，1981），结果如表 6 – 1 所示，结构变量的组合信度处于 0.759 ~ 0.901 之间，都超过了 0.70 的最低水平。这表明本研究设计的量表具有较高的内部一致性，其测量结果是比较可靠的。

表 6 – 1　　　　　验证性因子分析的因子载荷、T 值及组合信度值

结构变量	测量问项	标准化因子载荷	T 值	组合信度
自身经营实力	具有充足的资本	0.813	8.781	0.763
	具有良好的资源获取能力，可以根据需要获取必须资源	0.751	8.208	

续表

结构变量	测量问项	标准化因子载荷	T 值	组合信度
组织学习能力	能够有效地获取外部知识	0.711	8.353	0.759
	能够有效地将从外部获取的知识转化为自身核心技能	0.832	9.739	
	能够通过各种途径有效应用组织内外知识	0.622	7.267	
竞争环境压力	所处的市场竞争十分激烈	0.641	7.642	0.771
	竞争对手的变化速度越来越快	0.909	10.708	
	市场不确定程度越来越高	0.601	7.112	
市场需求	当地农村居民消费潜力很大	0.916	8.227	0.808
	当地农村居民消费需求内容的变化很大	0.715	7.108	
现有市场低端破坏战略	开展与现有技术有联系，与现有市场衔接度高的业务	0.831	11.709	0.862
	发掘农民开始显现的、未充分表达的需求	0.901	13.158	
	独创性要求不高，可在现有业务基础上改造出的满足不同细分市场要求的产品或服务	0.722	9.673	
新市场破坏战略	开发与现有市场衔接度不高的新业务	0.811	10.542	0.823
	开拓对竞争对手破坏程度更大的新业务	0.849	11.373	
	引导农民全新的消费习惯，颠覆现有市场	0.682	8.591	
市场绩效	市场占有率很高	0.822	11.791	0.901
	营业额增长率很高	0.911	13.594	
	与竞争对手相比，整体业绩水平很高	0.891	13.453	
	与竞争对手相比，整体市场竞争力很高	0.729	10.012	

在收敛效度方面，我们通过验证性因子分析发现所有测量问项在其所测量的结构变量上的标准化载荷系数均大于 0.50，且全部通过了 T 值检验，在 $p < 0.001$ 的水平上显著，表明各测量问项在其所测量的结构变量上具有较高的会聚有效性。同时，测量模型与数据的拟合程度指标为：Chi-Square/df = 1.176 < 2.0，RMSEA = 0.0037 < 0.05，NNFI = 0.981，CFI = 0.972，IFI = 0.971，GFI = 0.890，AGFI = 0.853。这些指标数值显示测量模型和数据具有较好的拟合度，表明本研究中结构变量测量的收敛效度较好。

在判别效度方面，本研究计算了所有结构变量的平均提炼方差（AVE），如表6-2所示。一般而言，平均提炼方差高于临界值0.50或比该结构变量与其他所有结构变量的相关系数大即认为具有较好的判别效度（Fornell 和 Larcker 1981）。在本模型中，结构变量的平均提炼方差值均满足要求。因此，我们可认为测量模型具有良好的判别效度。

表6-2　　　　　　　　　结构变量的 AVE 平方根与相关系数

	自身经营实力	组织学习能力	竞争环境压力	市场需求	现有市场低端破坏战略	新市场破坏战略	市场绩效
自身经营实力	0.701						
组织学习能力	0.307	0.613					
竞争环境压力	0.015	0.182	0.681				
市场需求	0.181	0.183	0.253	0.522			
现有市场低端破坏战略	−0.023	0.353	0.259	0.109	0.529		
新市场破坏战略	0.354	0.112	0.094	−0.015	0.113	0.613	
市场绩效	0.289	0.451	0.323	0.243	0.182	0.373	0.682

6.3.3.2　结构模型分析与讨论

本研究采用结构方程模型对数据进行统计分析，结果显示本研究提出的结构模型与数据间的拟合程度良好，各结构变量间的标准化路径系数以及显著性水平如表6-3所示。

表6-3　　　　　　　　　路径关系检验结果

路径关系	标准化路径系数	假设检验结果
自身经营实力→现有市场低端破坏	0.09	没有得到支持
自身经营实力→新市场破坏	0.17*	得到支持
组织学习能力→现有市场低端破坏	0.23*	得到支持
组织学习能力→新市场破坏	0.20*	得到支持

路径关系	标准化路径系数	假设检验结果
竞争环境压力→现有市场低端破坏	-0.06	没有得到支持
竞争环境压力→新市场破坏	0.02	没有得到支持
市场需求→现有市场低端破坏	0.24 **	得到支持
市场需求→新市场破坏	0.26 ***	得到支持
现有市场低端破坏→市场绩效	0.40 ***	得到支持
新市场破坏→市场绩效	0.29 ***	得到支持

注：* 表示显著性水平 $p < 0.05$；** 表示显著水平 $p < 0.01$；*** 表示显著水平 $p < 0.001$。

　　具体而言，我们有以下发现：第一，对于农村零售业者而言，破坏性创新战略的实施受到组织内外因素的影响，市场需求对破坏性创新战略的影响程度最大，其中对新市场破坏战略实施的影响系数为 0.26，对现有市场低端破坏战略实施的影响系数为 0.24，这充分说明了农民消费需求的变化是零售业者实施破坏性创新的原动力，随着农民收入水平的提高，需求层次的提升，农村传统的零售经营模式已无法满足农民的需求，这将直接促进农村零售业者的破坏性创新行为。在影响农村零售业者破坏性创新的因素中，组织学习能力排名第二，对现有市场低端破坏战略实施的影响系数为 0.23，对新市场破坏战略实施的影响系数为 0.20，这说明农村零售业者只有具备较强的组织学习能力，才能有效实施破坏性创新战略。第二，零售业者自身的经营实力对新市场破坏战略的实施具有显著影响（路径系数为 0.17），这说明企业自身经营实力是其选用新市场破坏创新战略的关键考虑，但是对现有市场低端破坏战略的实施却没有显著影响，这是因为现有市场低端破坏关注的是现有市场的低端顾客，独创性不高，对创新资金的需求度不高，相反可以通过产品的简包装、店堂环境的简洁化等措施降低成本，所以这类创新与其自身的经营实力关联不大。第三，竞争环境压力对现有市场低端破坏与新市场破坏战略的实施均无影响。目前农村零售服务业领域的竞争程度远远不及城市市场，传统的夫妻店、杂货店、集贸市场等依旧占据主要地位，所以零售业者的破坏性创新行为其实是一种适应农村消费需求，满足市场空隙的主动过程，而并非受农村市场竞争的被动产物。第四，现有市场低端破坏与新市场破坏战略对农村零售业者市场绩效具有显著的正向影响，其中现有市场低端破坏的影响程度更大。这说明破坏性创新对于提高农村零售业市场绩效具有积极的作用。

6.3.4　实证研究结论

本书通过对国内万村千乡店的实地考察，发现农村零售业实施现有市场低端破坏战略主要受到农村市场需求、组织学习能力的影响，而实施新市场破坏战略除了受到农村市场需求、组织学习能力的影响外，还受到企业自身经营实力的影响。农村竞争环境压力对农村零售业的破坏性创新均不显著。该部分研究对于农村零售业变革具有重要启示，破坏性创新较之维持性创新而言，更有利于提高农村零售业的市场绩效，尤其是对自身经营实力要求不高的现有市场低端破坏战略更应引起农村零售业者的关注。为了有效实施破坏性创新战略，农村零售业者一方面必须敏锐地把握农村居民的需求特点和变化，尤其应通过深入调研，准确预测感知农村消费者潜在的难以表达的诉求，才能使得其提供的价值元素组合受到农村消费者的欢迎；另一方面要通过多种措施努力提高组织的学习能力，包括创建学习型组织文化，在组织内部建立跨部门学习团队，通过"干中学"不断积累知识，增强对外部知识的辨别与吸收能力，加强知识型员工的培训与发展等，这样才能为破坏性战略的成功实施提供保障。

第 7 章

中国农村零售业成长与创新的
主要政策建议

随着"万村千乡"市场工程的启动，各地政府也清醒地认识到农村零售业市场的广大和缺失。因此各级政府通过安排财政资金，以补助或贴息的方式，引导城市连锁店和超市等流通企业向农村延伸以发展"农家店"，进而构建以城区店为龙头、乡镇店为骨干、村级店为基础的农村现代流通网络，以满足农民消费需求，改善农村消费环境，促进农业产业化发展。然而该项工程的实施并不是非常乐观，尽管一些新的业态逐渐出现在农村的零售市场当中，如城乡接合部的大型超市，城镇中的集贸市场、商品批发部等。但由于我国农村地区大多地处偏远，交通不便且消费水平较低，造成了农村零售行业的集中度较差，无法满足农村广大人口的日常需求。而且受农村价值观影响，成本是商家考虑的第一要素，因此商品质量和服务就没有硬性的要求，也造成了农村零售业脏、乱、差等现象。

鉴于此，我国农村零售业成长与创新政策建议体系的构建要充分考虑两个方面：一是要充分考虑我国农村零售业发展的现状、问题，只有认识清楚、分析到位，才会使今后政策创新能够做到有的放矢，创新才会有意义、进而才能有发挥作用的真实空间；二是要充分考虑我国政策资源建设的现状，这是约束我国未来农村零售业政策创新内容、程度的基础条件，任何脱离我国农村零售业政策资源现状的创新探讨，都是"沙上之阁，看上去很美"，但没有可以创新的基础与着力点。因此，我们在探讨农村零售业成长与创新的政策建议时，就是要充分依据这两个需要进行考虑，在对我国农村零售业现实问题分析的基础上，提出农村零售业政策创新的重要方面，这正是我国农村零售业成长与创新的主体与核心内容。

7.1　对面向中国农村市场的零售企业的政策建议

7.1.1　积极探索新的适应农村市场的经营模式

对于以农村为目标市场的零售企业而言，都应不断探索适应农村市场需求的经营模式。尤其是对于那些将目标市场由城市转向农村的零售企业，创造新的经营模式显得尤为重要。

目前伴随着城市零售竞争的加剧，越来越多的城市零售企业开始开拓农村市场，如果大型零售企业仅凭借自身强大的城市零售体系的优势而尝试开发农村零售市场，移植原有城市的运作模式，并不能够成功地进入农村市场，甚至可能会导致失败。这是因为农村零售市场具有分散性、差异性，农村消费者分布零散、消费无周期性，这与城市零售市场经营的基本环境不相同，因此，大型零售企业在进入农村市场时，要对经营模式进行创新，以适应农村零售市场。

（1）积极探索适合农村市场的连锁经营模式。连锁经营是开拓农村市场、形成成本领先的重要渠道之一（赵凯，2010），然而连锁经营的方式有多种（授权加盟的方式、直营的方式等）。在由城市走向农村的连锁经营的众多成功企业中，好日子集团就是其中一员。说到好日子集团很多人可能并不了解，但它却是河北农村零售业发展的拓荒者，更是中国广大农村市场上的一颗耀眼明星。在20世纪90年代，一个偶然的机会使得贾冬梅对于当时在国内刚刚起步的一种新型经营模式——连锁经营产生了浓厚的兴趣，并毅然决然地加入到了创业的大潮中。1998 年，第一家好日子便利店在沧州成立。众人的不理解、毫无可借鉴的成功经验以及对于资金的需求，一切的一切都预示着接下来的过程必将困难重重。但由于建店之初，贾冬梅便将发展方向寄予在连锁经营上，硬件设施上有着良好的基础，并且坚持"物美价廉，薄利多销"的销售策略，因此，好日子在经历了短暂的亏损后便实现了赢利。然而，作为当时好日子的主要竞争对手富达日化店凭借多年经营已经将店面星罗棋布地开遍了沧州，阻碍了好日子的发展，因此，贾冬梅决定将发展之路走到农村市场。最开始好日子的连锁店都属于直营店，统一的管理、低廉的价格等都给当地农民带去了一种全新的体验，但随着直营店的增加，设店成本管理成本的增加使得好日子的发展速度减缓，于是，贾冬梅选择了通过加盟的方式快速扩展店，并通过收购、兼并以及合作等方式进入各个区域市场，实现连锁之梦。如今，好日子已经发展成了拥有 600 余家店铺，并且即将上市的大型企业，成为由城市走向农村的明星企业。通过有关资料显示和实地考察等方式，我们分析认为，连锁经营是未来农村零售业发展的有力手段和必然趋势。所以大型零售企业在进入农村零售市场时，要根据企业自身的发展特性，因地制宜，合理的运用农村市场中现有的区域性联盟或其他形式的关系团体等资源（如农村市场中的供销合作社），并选取适当的方式形成连锁经营，从而形成规模经济效益。同时，在经营发展的过程中，企业还要依据当地的实际情况，适时的探索无店铺经营等特殊的经营模式，为企业的长期发展谋求一种特色的竞争优势。

（2）构建电子商务模式。电子商务是人类进入信息时代的必然选择，是零售业发展创新的一种新型的虚拟业态。在传统零售业竞争不断加剧、市场高度集中的今天，电子商务是提高零售企业竞争力的有效方案。一方面，电子商务可以通过实体店的支持弥补自身的不足，而传统零售商也可以利用电子商务拓展自己的业务，从而发挥"1＋1＞2"的效用。就农村市场发展电子商务零售而言，借助电子商务平台不仅可以支持农村加盟店和区域供应商之间的直接交易模式，取消中间交易环节，使农村便利店的运营成本进一步降低，同时也降低了区域管理的运营成本，通过进入电子商务平台的管理系统，新加盟的区域合作伙伴无须另行建立新的信息系统以及机房等，节约了加盟商软硬件投资近百万元。而且依托好的电子商务平台，企业能够实现从单纯的零售商到服务商的转型，进一步开发农村市场。通过对客户的管理，不仅可以将农民在农业和日常生活方面的需求信息提供给上游供应商，还可以在丰收时，为有需求的企业提供及时的当地农业信息和产品。在为农民和商家提供双向沟通平台的同时，实现额外的收益。当然，作为一种新型的运营模式，电子商务模式的实施远非易事，尤其在中国农村构建这样一个平台，面临的挑战不仅在于技术层面，对管理层面也提出了更大的要求。

（3）品牌专卖模式。品牌专卖模式是指经营一个或几个特色品牌的零售模式，主要包括我们常见的品牌专卖店、大型商场中的品牌专柜以及品牌代理等。主要适用于服装、家电等行业。专卖店目前在我国农村市场并不多见，以我们调查的大连庄河一带地区为例，该地区仅有两三家服装专卖店，而且经营状况并不理想。通过实地走访与了解，我们得知专卖店在农村市场遭遇滑铁卢的主要原因是这些企业对于农村市场的消费习惯并不了解，对于农村市场的定位不够准确。农民对于品牌的意识不强，而且专卖店首先给人的感觉就是很有档次的，并不符合农村市场现有的消费水平，使得一些农民对于在专卖店消费望而却步。然而随着我国农民收入的不断增加以及对商家和品牌的不断宣传，这种模式在不久的将来，必将会成为农村零售市场中强有力的竞争者。

除以上介绍的几种主要零售模式外，还有很多零售企业尝试了多种经营模式打入农村市场，如沃尔玛的 Hyper Market 模式和诺基亚 WKA 模式等，都为农村零售业市场的发展带去了新的思路和活力。此外，大型零售企业开拓农村市场时，在供应链的塑造和管理方面，要积极地进行创新，合理地选择供应商，充分利用农村市场接近生鲜产品生产源头的优势，促进农超对接模式的形成和发展，并发展和创新相关的零售专业技术、建设相关的生产加工配送基地等，促进企业可持续竞争优势的形成。

7.1.2 注重自有品牌的开发

农村消费者不同于城市消费者追求高档次、高质量、高端品牌以及良好地购物环境等，而是更注重于商品的物美价廉，对商品价格更为敏感，自有品牌商品能更好地满足农村消费者的这一需求。自有品牌的开发是目前零售商最经常采用的营销战略之一，有专家曾指出，自有品牌一直是美国零售商关心的首要问题之一，因为自有品牌具有低价的优势，美国自有品牌商品的价格通常比普通商品低 15% 左右，日本低 10% ~ 30%。例如，1992 年沃尔玛研发推广的品质口味可与可口可乐媲美的"美国可乐"的售价比可口可乐低 15% 左右。自有品牌商品能够在保证同等品质水平的条件下实现低价格的主要原因是：第一，企业从厂家直接订货，省去了中间的流通环节，降低了交易费用和流通成本。第二，大型零售企业往往拥有相当数量的连锁分支，具备大批量销售的能力，使生产取得规模效益，从而降低生产成本。而且自有品牌可以针对不同目标客户群进行产品设计，因为自有品牌商品最初就是以一种"廉价而令人乐于接受"的形象出现的，即消费者愿意接受其较低的价格同时也认同其较差的质量，尽管其性能和功用明显次于品牌产品，这个特点恰好与目前我国农村市场的需求一致。零售企业直接面对农村消费者，了解农村消费者的实际需求，可以根据农村消费者的需求特性和产品生命周期对所经营的商品及时调整，研发新的自有品牌商品，满足农村消费者需求。与使用生产企业商标、面向全国市场销售的商品相比，自有品牌商品既能及时调整品种以适应农村消费者需求的变化，又能凸显本企业商品与别家商品的差异性。第三，自有品牌对提升企业形象有很大帮助，自有品牌产品的独特性使其能在同质化产品中一跃而出。根据市场需求及时组织研发、生产并供应某些自有品牌产品，可使本企业在农村市场上的经营富有特色，同时企业以自有品牌产品为基础向农村消费者提供更周到的服务，可以进一步提升企业形象，增强农村消费者对企业的认同感和忠诚度。从某种程度上来说，自有品牌产品的发展，使企业品牌价值、无形资产等商誉资产流动起来，企业多了一个利润源。通过自有品牌商品赢得商标信誉，并使这种商标的信誉最终变成零售企业信誉，从而赢得稳定而广阔的农村市场。第四，由于自有品牌能够比制造商品牌获得更多的利润，因此这也是增加零售商盈利能力的一条有效措施。第五，零售企业以自有品牌商品为基础向农村消费者提供更全面的服务，有助于促进企业相关零售技术的创新与完善，为企业在农村市场上的稳固和长期发展打下坚实的基础。

在自有品牌的开发过程中，首先，企业应该依据当地消费者的购买特点和消费水平，设计合理的自有品牌的商品结构。其次，要注重提高消费者对本企业自有品牌的感知质量，许多学者在对消费者购买形成的研究中曾指出，消费者不选择购买自有品牌的主要原因是自有品牌的感知质量较差，消费者常常借助多个启发式线索来判断产品的质量，如产品的信息线索（形状、大小、颜色和口味等），零售商需要借助这些线索，向消费者传达较高的质量感知。由于农村消费者在消费的过程中更注重的是商品的质量和实惠，因此，在进入农村市场的过程中，在自有品牌的开发方面，企业更应该注重于商品的质量、大小等方面设计，保障商品质量，给消费者一种实惠的感知，在其试用的过程中逐渐提高对自有品牌的感知质量。再次，增强与消费者的沟通。许多消费者不购买自有品牌商品的主要原因是对自有品牌不熟悉，不了解其"高质量低价格"的优点，企业可以通过广告（如农村的主要街道的墙壁宣传等）和促销，提高消费者对自有品牌的期望和内部质量的判断。最后，实行保质量低价格的定位战略或是较高质量同价位的定位战略。农村消费者对价格具有高敏感度的特点，所以在自有品牌开发的过程中，在进入农村市场的初期，价格定位不宜过高，在保证质量的同时，价格应保持相当水平或是略低；同时在发展的过程中，可以依据当地消费者收入水平的提高和消费需求的变化，逐渐实现高质量高溢价的战略。因为随着农村外出务工人员的增加以及农民收入水平的提高，农村消费者对商品的质量、品牌等也越来越关注，零售企业在开拓农村市场时以及以后发展的过程中，要根据当地农村消费者的需求变动情况，适时引入高质量、大品牌的产品，调整产品结构，对农村消费者的需求形成一种向导，增强企业在消费者心目中的影响力，从而也能形成消费者对企业的忠诚。如服装类产品，随着收入水平的不断提高，农民用于衣着的消费支出也在不断地增加，但是总体来说，由于受收入水平的限制，农村市场对中高档服装的消费能力还是很有限的，目前，农村消费者对服装的消费需求还主要集中于价格较低、质量一般的中低档服装，主要注重服装的品质，对款式的敏感度较低。城市品牌服装过季产品的折扣很低，有许多品牌折扣后价格与农村中低档服装价格相当或略高，属于农村消费者可以接受的范围，因此，零售企业在开拓农村市场时，可以通过引入品牌折扣服装，来增加对农村消费者的吸引。另外由于品牌服装在质量上更有保障，且价格还不高，很容易形成消费者的忠诚，从而增加了消费者对店铺的忠诚。在后期的经营过程中，可以根据当地的消费水平，适当的引入品牌服装，对当地消费需求形成一种向导。总之，零售商推出自有品牌是以企业良好发展为前提的，自有品牌的发展是一个可持续发展的过程，对于整个企业的运营有着重大的影响。

7.1.3 高度重视产品创新

产品选择创新，顾名思义，就是在产品的选择方面进行创新。这是一个双向选择，一是零售商选择何种类型的商品进入农村市场，二是农村消费者为何要选择此种类型的商品。根据相关资料的调查和求证，可以发现，现有的农村市场主要包括小超市、集市等形式，而其中的集市虽然存在且目前不可替代，但是相当落后。集市的主要参与人群是老年人，其固有的生活模式和购买能力已根深蒂固，且很难转变，所以老年人不是我们主要的目标客户群。小超市的存在是满足人们生活必不可少的柴米油盐酱醋茶等一系列日常生活所需，还有一些零食、烟酒等消费品。如果农村人想要购买其他物品，除了村里一些小的经营店铺，他们还会选择进城去购买，这就为零售型企业提供了商机。而能够选择此类购买方式的，应是一些年轻人和中年人，他们愿意接受一些较新的思想和购买理念，也具有一定的新模式体验能力。因此零售企业为更好地开拓农村市场，所售出的产品不仅应是农村的基本所需，如小超市、小店面所售之物，还应该添加在农村市场很难购买到但是也是必需品的东西，如说应季服装。前面提到过，农村市场的消费主体是中年人和青年人，而他们支出中所占比例较大的便是进城购买的商品，因为这样的机会很难得，他们可能会在此的支出比预计更多。如果在农村开拓这一部分市场，这些原有的进城购买的消费者和一部分潜在消费者就会选择在家门口的零售企业而且会在不知不觉中增加购物频率。同时，农村的主要消费者同城市的消费人群一样，愿意将更多的钱用在后代身上，农村消费者用于购买诸如儿童、青少年的日常营养保健品、医疗保健器械、益智玩具等的支出，占总支出的比例越来越大，有逐年增长的势头，这就给零售型企业一个很大的提示，在儿童、青少年用品销售的比重应有所增大。在产品选择方面，还有不可忽视的一点，就是产品服务。在城市的消费者眼中，产品服务是必不可少的一环，比如说售后服务。城市消费者在此方面要求都颇高，不仅要求商品送货上门、免费安装、延期保修，甚至有的不会使用，还要求专门人员上门指导。但是对此环节，农村消费者就没有此项意识。因为之前本土零售企业发展滞后，所以导致农村消费者对产品服务的好处一窍不通，而进军农村市场的大型零售企业正好可以利用这点不足，进行宣传和答疑，培养农村消费者的产品服务意识，给他们一个购买零售企业产品的理由。这样逐渐形成品牌优势，有利于零售企业在农村市场中占据主导优势。

7.1.4 注重服务质量的提高

服务是农村零售市场最为薄弱的环节之一，这是因为农村零售的从业人员大部分为当地城镇居民和农民，他们学历不高，对科学知识和专业技能更是了解甚少，从业人员整体素质偏低，从而导致了他们对顾客的需求、顾客心理、顾客服务理念等知之甚少，在日常的接待过程中，不能很好地与顾客进行沟通交流和情感联系，更不注重企业形象的建立，不能在心理上很好地满足顾客，降低了顾客忠诚的形成。这也是农村零售企业相对于城市零售企业最大的劣质之一。城市零售企业在其发展过程中，已经将服务作为一项重要的营销举措，拥有很高的服务理念；但是农村零售企业由于受生长环境的限制，习惯了"一手交钱，一手交货"的交易行为，很少注重为顾客提供满意周到的服务。因此农村零售企业在发展的过程中，应特别注重企业服务理念的构建，同时积极的采取措施，加强对服务人员的培训，提高服务人员的素质，注重企业服务质量的提高。

7.1.5 注重物流配送体系的构建和完善，进行物流创新

货物是采用当地采购的方式还是公司统一采购统一配送；如何实现对企业进入地区店面货物的配送；进入地区内部如何实现货物的各店面配送，等等，这是许多零售企业在开拓农村市场时，必须事先解决的物流问题。在物流配送体系的构建方面，在进入的初期，企业可以先寻求与进入当地的物流企业的合作，确保企业在农村市场中的立足；在发展过程中，企业可以根据经营状况决定继续与物流企业合作进行物流系统的创新与完善，也可以自建物流配送体系。不管是自建还是与第三方物流企业合作，零售企业都要积极地进行物流创新，提升物流系统的服务功能，完善服务内容，并积极进行物流技术的创新，促进企业在农村市场中连锁经营及农超对接

模式的实现。在配送体系的构建中，我们可以采取大型配送中心和小型加盟店的联合，这个路径实质上可以看成是零售业连锁经营的一种衍生品。伴随着城市竞争格局的形成，如果仅仅凭借自身强大的城市零售体系的优势尝试开发农村零售市场，移植原有城市环境运作模式，很难成功进入农村市场，甚至以失败告终。零售企业在农村开设新店、采购运输、仓储库存的成本并不比城市终端低，而受农村市场需求差异性、分散性、层次性特点决定的农村消费者零散、单件式、无周期性的购买行为与城市零售系统赖以生存的一站式批量零售方式是大相径庭的。如果乡镇超级市场的经营模式照搬标准化的城市店的模式，难以适应农村消费环境下对产品、价格、包装等方面的要求（如城市几乎没有超市提供农业生产资料、农机用具以及低价无品牌的大宗商品），农村市场中的零售终端面临着生存与扩张的重重压力，即使与传统小店相比，也没有太多优势可言。原来已经大量存在的夫妻店、杂货店、代销店等业态不可能在一夜之间消失，所以可以采取配送中心加小型加盟店的形式对原有夫妻店等旧零售业态进行升级改造，帮助其建立信息中心，由这些店铺的经营者将补货信息传输给配送中心，由配送中心统一配货，这样既可以降低原来这些小店铺的进货成本，还可以达到实现零库存和降低仓储成本的目的，最终降低产品的零售价格，在刺激农村消费者消费的同时还有效提高了零售企业的经营利润，增加了农民收入，反过来又可以刺激农民消费，形成良性循环，避免了小店之间的恶性竞争。采用加盟店的方式，可以在短时间内占领市场，降低土地和店面建设等各项成本，极具优势。其实质是"流动批发商＋目录商店"这个系统内部的组织关系。流动批发商通过特许加盟的方式布设目录商店网点、扩张市场服务范围。特许加盟的协议中明确流动批发商与被许可人（加盟方）投资创建目录商店、日常运作经营、法律主体确认等各个方面的权利和责任，规定双方从经营利润中可分配份额或者特许使用费等各种事项。目录商店作为这个系统中的会员店与传统终端相比，拥有标准化的店面设置、技术支持，并依靠流动批发商实现了配送、经营管理等方面的支持，获得超级终端的优势，具有更灵活适应农村市场的特征。

7.1.6　注重人才引进，促进管理水平的提高，积极进行管理创新

创新是农村零售市场发展的大势所趋，而创新的关键是人才，人才缺乏也是我国农村零售业发展缓慢的重要原因之一，如何有效地引进人才，如何利用企业在当地文化、人脉上的优势，迅速的学习和借鉴国内外大型零售企业的成功经验、先进的管理，并为己所用，促进企业自身的发展创新，这是农村零售企业形成竞争优势和实现可持续发展的关键。但是许多人才不愿意"下乡"，主要是受发展潜力、工资待遇等诸多问题的影响。为改变这一现状，农村零售企业应采取以下措施：第一，更加注重企业发展远景的塑造和宣传，同时提供良好的个人发展空间，适当提高薪资待遇。第二，给予人才以足够的培养。农村零售企业可以定期地对企业管理人员进行培训，如定期邀请管理专业人才进行相关知识的讲解、让管理人员定期接受管理课程的培训等，提高管理人员的管理意识和管理水平，为企业经营观念、战略和手段的创新打下基础。第三，企业还可以积极寻求与当地教育机构或科研机构的合作与交流，为所招聘的人才提供进一步学习与交流的机会。

7.1.7　积极寻求当地政府的支持，减少与当地政策的摩擦和外部风险成本

零售企业进军农村市场，一般是需要跨地区进行经营的。由于我国行政区域的划分，不同的地区，对于商业企业的经营具有不同的政策，通过与当地政府的积极沟通，可以促进企业对当地相关政策的了解，获得相应的政策保障，消除在经营的过程中由于与当地政策冲突给自身带来的损失；

同时，通过对当地政府相关支持的获取，为企业在农村市场中的发展创造一个良好的环境。

7.2 对政府相关部门的政策建议

自 2006 年国务院提出推进社会主义新农村建设的政策以来，国家充分鼓励商贸企业以新建、兼并、联合、加盟等方式在农村发展现代流通业，建立以集中采购、统一配送为核心的新型营销体系，改善农村市场环境。因此在各地政府政策的制定仍然要紧紧围绕为实施和推进社会主义新农村的建设服务。例如，2005 年出台的"万村千乡"政策，已经在近几年的发展中初具成效，截至 2009 年，标准化农家店的数量已经达到 27 万家，大大方便了农民的生活。此外。各地政府要加强基础设施建设，营造适合发展的市场环境，积极引导和鼓励企业进军农村市场。农村零售业之所以迟迟没能发展起来，很大的原因是运输、交通等基建设施的薄弱。因此政府可以选择与城市零售企业的合作，共同推动农村水、电、交通等基础建设。一方面为企业在农村市场的发展提供有利的物质环境，降低企业平均物流成本、采购成本和控制成本，也降低盈亏风险。另一方面，企业参与推进农村基础设施建设，对其在农村市场树立良好的商誉以及企业形象有着巨大的积极作用。

7.2.1 统一思想，提高对开拓农村零售市场重要性和紧迫性的认识

改革开放以来，随着社会主义市场经济体制的建立和完善，我国农村商品流通初步形成了多形式、多渠道的发展格局，农村市场日趋活跃。但是，由于受城乡二元经济结构的影响和农村生产力水平较低等方面的制约，

当前我国农村商品流通还存在着网点不足、设施陈旧、手段落后、成本较高、流通组织化程度低等问题。另外，农村市场普遍存在购买力低下、消费环境和市场秩序混乱等问题，致使假冒伪劣商品充斥农村市场，坑农害农的恶性事件时有发生，农民的合法权益时常受到损害，严重制约了农村经济的快速发展。因此，加速建立符合市场经济运行体制要求的新型农村商品流通服务体系，大力发展农村现代流通网络，积极开拓农村市场，努力提高为农民服务的质量和效果，为社会主义新农村建设提供强有力的支撑，就显得十分迫切。事实上，发展农村现代流通网络，也是我国社会主义新农村建设的一项重要内容，是发展农村社会生产力、助农增收的重要环节，是统筹城乡经济发展、实现循环经济的重要动力，是完善和规范农村市场流通秩序的内在要求，是广大农村居民的迫切愿望。各级政府部门应尽量顺应农村流通现代化的发展趋势，切实为满足农村居民的生产生活，扩大内需，加速提高农村商品流通服务体系的水平，减少不必要的流通环节从而降低流通成本，通过提高流通效率增加农民可支配收入，促进农村经济的全面协调健康发展。

在提高对农村零售市场重要性和紧迫性认识的同时，政府应着力促进农业发展，增加农民收入。因为农业增产、农民增收是新农村建设的核心，同时也是促进农村零售业发展的真正动力，因此政府必须通过实行有效的行政手段为农民谋取更多的利益，以便有效推动零售业在农村的发展。反过来，发展农村零售业必然发展农家店，从而吸纳农民就业，实现一部分农民由农转商，从而缓解农村剩余劳动力严重的就业形势，又使其经商致富，对于维持农村的治安，促进农村社会的稳定和快速发展也有积极作用。

7.2.2 整合资源，加快农村现代流通产业的发展

政府有关部门应重视农村零售业的作用，并根据当地的经济发展状况以及商业发展目标、业态结构、区域分布布局等对农村的商业网点进行全

面的规划考虑，严格按照"先规范、后规模，先稳定、后发展"的原则进行商业网点的扩张，并实现农村与城市流通网络的对接。积极地运用政策手段和市场调节，引导农村零售业的健康发展，促进当地零售市场的完善。政府部门应通过招商、减免税收等方法，吸引国内外大中型流通连锁企业进驻农村市场，通过新建店面、改造经营、控股参股等形式，到农村开设零售终端。鼓励有实力的大型商品流通企业对现有商业网点和社会资源进行整合，对其实施集中采购和连锁配送，以此提升农村商业网点的经营水平和盈利能力。鼓励经营各种专业物资的商业企业到农村开设店面，如：专门经营农业生产资料的企业，大药房、文具店和农副产品收购企业，以满足不同农村居民的日常生产生活需求，净化农村消费环境。支持大型零售企业开发适合农村市场的自有品牌商品，完善售后服务体系。鼓励其他企业或个人投资兴建农村商业网点，鼓励农村原有的夫妻店、农家店、代销店加盟连锁流通企业，通过改造旧有店铺，实行统一标识、统一采购、统一价格、统一结算这样的规范化运作，从而达到降低经营成本，提高服务质量的目的。充分发挥原有供销合作社的网络优势，通过创新体制，搞活经营机制，加强物流配送建设等方式，依托基层综合服务社和专业合作社的发展，建立农资供应、农产品购销、再生资源开发这样的双向流通网络，更好地为农民服务。此外政府还应该鼓励进入农村的城市零售企业或是具有较大发展潜力的农村零售企业建立自己的产源基地，并给予适当的政策倾斜与扶持使其形成农超对接模式。零售企业农超对接的实现，不但有利于零售企业对农村市场的开发及自身的发展，还能够有效地促进当地农业的发展和产业结构的优化，促进农民收入的增长。但是，生鲜产品生产基地的建立、加工配送基地的建立等对零售企业具有较高的实力要求，这就需要当地政府采取措施，通过税收优惠、政策支持等来吸引城市具有较强实力的零售企业进入当地零售市场，或是扶持当地具有较大发展潜力的零售企业，促进其实力的增长，同时为积极发展农超对接模式的零售企业提供专项的优惠政策。

7.2.3 突出重点，加快乡（镇）村基层连锁网点建设

开拓农村市场时应将乡（镇）村作为开发重点，发挥好县级零售企业主渠道的骨干带头作用。首先应该依托当地有实力的商贸流通企业，在交通便利、经济发展程度好，集散功能较强的县、州通过收购、改造、加盟、新建等方法，建设区域配送中心或"以点代配"的中心店，逐步提高连锁经营企业统一采购和集中配送的能力。根据当地消费水平和消费者群体的实际情况，通过认真选址，合理布局，改造扩建一批连锁超市，实行合资合作、直营加盟等形式，从经营面积、购物环境、经营品种、配送比例、商品质量等这些方面加强规范引导，逐步实现规模效益。加强农村综合配套服务体系的建设，将服务延伸到村。为了满足农民日常生产生活需求，广泛吸纳农村社会资本加入，以农资、日用品、农产品作为经营重点，逐步增加其他服务项目。借"万村千乡"市场工程的东风，加快为民、便民、利民的农家店建设。同时为农村商业网点建设争取金融、保险、邮政、医药、文化等部门的支持，促进农村各项事业共同协调发展。

在进行基层连锁网店建设的同时，我们可以发展连锁经营的模式，化零为整，实现规模化，发挥品牌优势，保证产品质量，提高议价能力，降低农村零售业的经营成本。目前，农村零售业多处于单店经营、个体经营的状态，服务意识都比较差，依靠农村企业的自身发展，很难形成大的连锁经营企业。所以，可以通过特许加盟经营的模式，将众多的小型商店、杂货店、超市整合起来，迅速地完成规模的扩大。这样做既适应农民居民消费分散的特点，又能保证零售业的经营规模。另外，实施连锁经营标准化的管理，能提高传统农村零售业在商品质量、服务水平、信用等方面的发展水平，而且能使企业在农村地域得到合理的资源配置，实现统一调配，提高企业竞争力和流通效率。

在建设乡（镇）村基层连锁网点的过程中，可利用供销社系统原有的

网络发展连锁经营，以便迅速建立农村新型消费品流通渠道。首先，原有供销社系统拥有遍布城乡、星罗棋布的经营网络。任何组织要想重新建立庞大的销售网络都需要投入巨额资金，而供销社系统所拥有的大量经营网点，是发展连锁经营最丰富的组织资源和渠道资源。其次，供销社系统拥有一支熟悉"三农"的人员队伍。供销社管理员工绝大多数来自农村，具有一定经营管理经验，他们熟悉农村市场和农民需求，可以用较小的成本培训成为适合农村连锁经营的专业人才。农村供销社系统应在现有网络资源基础上，对孤立、分散的基层社和经营服务网点进行重组，通过组织改造和人员培训等手段，用连锁、配送的方式把新型业态引入供销社的经营当中。江苏苏果连锁企业通过改造农村传统供销社系统的店面，把城市中的超市业态"克隆"到县城或大的乡镇，建立超市"农家店"。其中最具代表性的是在江苏发展起来的"邳州模式"，即邳州市供销社整体加盟苏果，利用供销社分布在各乡镇的原有网络，在对其网络内店面进行升级改造的基础上，成立苏果加盟店。这种方式在耗费成本很低的前提下，能得到迅速扩张。苏果创立的这种区域整体加盟的方式，能实现对区域农村市场的快速渗透和全面覆盖。目前邳州市已经开设了30多家门店，实现了镇镇有苏果。

7.2.4　搞好配套服务，加快农村市场服务与配送体系建设

农村零售业之所以迟迟没能发展起来，很大的原因是运输、交通等基建设施的薄弱。政府可以选择与城市零售企业的合作、分工，共同推动农村水、电、交通等基础建设。一方面，提高了农村居民生活水平，也为企业在农村市场的发展提供一个更好的物质环境，降低企业平均物流成本、采购成本和控制成本，也降低盈亏风险。另一方面，企业参与推进农村基础设施建设，对其在农村市场树立良好的商誉以及企业形象有着巨大的积极作用，可谓双赢。然而在现实当中，情况却不容乐观。

就农村零售市场的物流配送而言，各个批发商或零售企业各自配送，不但降低了配送的效率，还增加了配送成本，最终侵蚀了农村零售企业的利润，不利于长期发展。解决这一问题的一个有效措施是共同配送，但是共同配送的开展需要信息平台的支撑，信息平台的开发和建立需要投入巨大的资金和人力，这不是某一单个企业能够完成的。所以，政府应该采取措施来进行信息平台的开发和建立，为农村零售企业实施共同配送提供信息技术支持，为零售企业的发展和创新提供物流支撑。另外政府还应充分整合现有资源，借助已有基础设施，利用现有交通条件，通过市场化运作的方式改造原有市场，逐步建设一批布局设计合理、功能基本健全、管理相对规范、配套环境良好的综合市场和批发市场，这些市场还应通过完善商品检验检测设备、信息交易平台、仓储加工分装设备和电子结算功能提高市场档次。鼓励发展农村专业市场，通过多种途径扩大农村与城市的对接，进一步拓宽农产品进城流通渠道。很多农村区域已经接入互联网，借助网络快捷方便的优势，整合信息平台，建立农村市场信息服务体系，促进信息无延迟流通，实现资源共享，为农村市场交易提供及时有效的综合信息服务。大力推动农产品拍卖、经纪人代理、电子商务等新型交易方式在农村市场的应用。高度重视和发挥农村流通经纪人等农村市场中介组织的桥梁作用，不断加强对农村市场操作人员的市场经济知识的培训，提高他们的素质，帮助其尽快成为适应时代发展需求的农村商品流通的重要力量。在一些市场中介组织发展基础较好的农村，应借助中介组织的力量，发展农村商品流通的顺利进行。同时适度的扶持进入农村市场的零售企业或当地具有较大发展潜力的零售企业，如提供专项资金的支持、税收优惠政策等，零售企业是农村零售市场的主体，这能够增强企业进行创新的动力，同时能够促进龙头企业的形成，为当地零售市场的完善和发展提供带动作用。政府还应鼓励当地具有实力的零售企业或是物流企业进行物流体系的创新，对当地流通体系的完善注入新的活力。将公共设施如道路、集贸市场等纳入新农村建设规划，完善农村物流基础设施建设。在这个过程中，邮政物流应得到大力发展。中国邮政经过几十年的发展，已经拥有了比较完善的覆盖全国城乡的配送网络，建立了功能相对齐全、服务比较完善的服务网点。据统计，目前，我国自办或委办邮政物流邮路已超过数十万公里，服务"三农"网点多达一万五千多个。邮政系统的网络和网点已经形成我国不可多得的连接城乡的通道，实现商品流通和分销的渠道。另外，邮政系统还拥有一支训练有素、专业水平较高的专业物流人员队伍。今后，应该充分发挥邮政物流的作用，建立起"以委托代办点为桥梁、乡镇邮政所为基层单位、县市物流中心为基本物流组织机构"的新型双向农村邮政物流系统，为新农村建设提供更优质的服务。

7.2.5　加强领导并提高农村零售业发展规划和立法工作的权威性

针对我国现有农村零售网点布局的不尽合理的现状，加快对农村现代流通网络的建设已纳入各级政府部门的关注，开拓农村市场涉及多个部门，各级政府主管部门应高度重视，从宏观视角规范零售业的经营，努力加强组织领导，进行科学规划，合理布局，有序推进。控制其发展规模，促使零售业网点规划与农村发展规划相结合，使本地区和周边地区消费水平、市场需求、现有零售业网点相结合，合理确定规划期内零售业网点的数量、规模、档次和业态，使结构调整和布局优化相结合，使零售业基础设施建设与当地市场发展相结合，还有最重要的就是政策规划的调控功能与市场机制的基础作用必须相结合，尊重市场经济规律，真正发挥引导社会资金投向、减少重复建设、盲目发展和无序竞争的作用。同时政府还应提高立法工作的权威性，合理调整与制定我国各地区农村零售业整体发展规划即对零售业网点总数、规模、结构、布局等方面须以法律形式加以规范；加大执法力度，在执行立法的过程中，必须严格保证立法的贯彻实施，同时注重对农村市场的执法监督，对打击制售假冒伪劣商品不能留情，完善市场投诉受理机制，保护广大农村居民的合法权益不受侵犯。

7.3　研究局限及未来研究方向

尽管本书较全面地论述了农村零售业创新的相关问题，得到了一些自认为相对重要且有意义的结论，但由于笔者研究能力、科研条件等客观因素的限制，在研究过程中难免存在这样那样的缺憾，需要在未来研究中进一步深化并加以改善。本书研究中所存在的局限性及未来的研究方向主要有以下两个方面：

第一，收集选取的样本数据有待进一步优化。尽管笔者花费了大量的人力物力对调查问卷进行设计、发放和回收，获得了基本满足样本量要求的有效问卷的数量，但样本抽取的随机性不够；虽然通过统计检验进行了一定控制，但是采用拦截方式对大连地区的顾客进行随机访问，收集的数据可能带有一定的地域特征，这在某种程度上降低了样本的代表性，在未来的研究中，应在多地区，采取更加随机的方式进行抽样，使样本更具代表性。

第二，研究内容有待进一步完善。由于精力与研究条件等方面的限制，本书仅对农村零售业的传统创新进行了详细阐述，而对于农村零售业的破坏性创新探讨较少，但这也将成为未来的一个重要的研究方向。

参 考 文 献

[1] Blundell, R. , Griffith, R. , Van, R. J. Market Share, Market Value and Innovation in a Panel of British Manufacturing Firms [J]. Review of Economic Studies, 1999, 66 (3): 529 –554.

[2] Charitou, C. D. Markides, C. C. Response to Disruptive Strategic Innovation [J]. MIT Sloan Management Review, 2003 (2): 55 –63.

[3] Christensen, C. M. The Innovator's Dilemma: When New Technologies Cause Great Firms to Fail [M]. Harvard Business School Press, 1997.

[4] Christensen, C. M. The Innovator's Dilemma: When New Technologies Cause Great Firms to Fail [M]. Harvard Business School Press, 1997.

[5] Corstjens, M. Lal, R. Building Store Loyalty Through Store Brands [J]. Research paper, 1996, (1422): 25 –28.

[6] Danneels E. Disruptive Technology Reconsidered: A Critique and Research Agenda [J]. Journal of Product Innovation Management, 2004, 21 (4): 246 –258.

[7] Danneels E. Disruptive Technology Reconsidered: A Critique andResearch Agenda [J]. Journal of Product Innovation Management, 2004, 21 (4): 246 –258.

[8] Demsetz, H. Information and Efficiency: Another View-point [J]. Journal of Law and Economics, 1969, 12 (1): 1 –22.

[9] Erwin Danneels. Disruptive Technology Reconsidered: a Critique and Reseearch

Agenda [J]. Jorunal of Product Innovation Managenement, 2004, 21: 246 – 258.

[10] Gilbert, C. and Bower, J. L. Disruptive change: when trying harder is part of the problem [J]. Harvard business review, 2002 (5): 94 – 101.

[11] Goldman, A. Stages in the Development of the Supermarket [J]. Journal of Retailing, 1975, 51 (4): 49 – 64.

[12] Home, H. Rural consumers patronage behavior in Finland1 International Review of Retail, Distribution & Consumer Research, 2002, 12 (2): 149 – 164.

[13] Jeffrey Funk. Responding Effcetivey to Disruptive Technologies: How NTT DoCoMo Became the World Lesder in the Mobile Internet [EB/OL]. http: // free. madster. com /data/free. madster. com/data/free. madster. com/ 1051/1practitioner82. pdf.

[14] JW Kenagy, CW Christensen. Disruptive Innovation: A New Diagnosis for Health Care's "Financial Flu" [J]. Healthcare Financial Management, 2002, 56 (5): 62 – 66.

[15] Kamien, M. I. , Schwartz, N. L. Market Structure, Elasticity of Demand and Incentive to Invent [J]. Journal of Law and Economics, 1970, 13 (1): 241 – 252.

[16] Keh, H. T. Technological Innovations in Grocery Retailing: Retrospect and prospect [J]. Technology in Society, 1998, (20): 195 – 209.

[17] Leifer R. , O'Connor G. and Rice. Implementing Radical Innovation In Mature Firms: the Role of Hubs [J]. The Academy of Management Executive, 2001, 3 (15): 102 – 203.

[18] Leifer, R. , O, Connor. G. and Rice. Implementing Radical Innovation in Mature Firms: The Role of Hubs [J]. The Academy of Management Executive, 2001, 3 (15): 102 – 203.

［19］ Markides, C. Disruptive Innovation: In Need of Better Theory ［J］. Journal of Product Innovation Management, 2006, 23 (5): 19 - 26.

［20］ Nelson, R. and Winter, S. An Evolutionary Theory of Economic Change ［M］. Harvard University Press, 1982.

［21］ P. Thomond, T. Herzberg & F. Lettice. Disruptive Innovation: Removing the Innovator's Dilemma. British Academy of Management, Conference Proceedings.

［22］ Paap Jay & Katz Ralph. Anticipating Disruptive Innovation ［J］. Research Technology Management, 2004, 47: 13 - 22.

［23］ Vijay, Govindarajan and Praveen, K. Kopalle. The Usefulness of Measuring Disruptiveness of Innovations Ex Post in Making Ex Ante Predictions ［J］. Journal of Product Innovation Management, 2006, (1): 12 - 18.

［24］ 鲍观明, 叶永彪. 零售业态演变规律的综合模型构建 ［J］. 财贸经济, 2006 (4): 48 - 51.

［25］ 鲍宏礼, 管竹笋. 我国农村零售商业发展战略 ［J］. 中国流通经济, 2006 (9): 58 - 60.

［26］ 鲍宏礼, 管竹笋. 我国农村零售商业连锁经营研究 ［J］. 中国流通经济, 2005 (5): 58 - 60.

［27］ 曹鸿星. 零售业创新的发展趋势 ［J］. 北京工商大学学报, 2009 (1): 6 - 10.

［28］ 曹鸿星. 零售业创新的驱动力和模式研究 ［J］. 商业经济与管理, 2009 (5): 19 - 25.

［29］ 曹鸿星. 零售业创新研究述评 ［J］. 北京工商大学学报, 2010 (1): 18 - 21.

［30］ 陈阿兴, 黄国雄. 以小城镇为依托构建农村现代零售产业组织体系 ［J］. 商业经济与管理, 2003 (10): 13 - 16.

［31］ 陈德良. 发展农村物流的思考 ［J］. 中南林业科技大学学报: 社会科学

版，2008（6）：84－85.

[32] 陈继祥，王敏. 破坏性创新理论最新研究综述 [J]. 科技进步与对策，2009（11）：155－160.

[33] 陈劲，戴凌燕. 突破性创新及其识别 [J]. 科技管理研究，2002（5）：22－28.

[34] 陈遵奇. 论农村零售业态创新 [J]. 合作经济与科技，2010（4）：1－2.

[35] 程国强. 中国农村流通体系建设：现状、问题与政策建议 [J]. 农业经济问题（月刊），2007（4）：59－62.

[36] 程雁，李平. 创新基础设施对中国区域技术创新能力影响的实证分析 [J]. 经济问题探索，2007（9）：51－54.

[37] 单丹，庞毅. 中国农村零售业的发展与农村流通体系建设 [J]. 北京工商大学学报，2007（6）：1－5.

[38] 丁金辉，张玉利，王革. 基于破坏性创新的竞争策略分析 [J]. 中央财经大学学报，2008（10）：93－96.

[39] 杜金华. 开拓农村零售市场的现存问题及策略研究 [J]. 中国商贸，2010（7）：9－10.

[40] 杜长乐. 农村消费市场的潜力分析及启动思路 [J]. 中南财经政法大学学报，2002（5）：71－75.

[41] 樊飞飞，肖怡. 信息时代零售企业的生存空间与管理创新 [J]. 北京工商大学学报，2006（4）：12－15.

[42] 方光罗. 我国农村零售业的现状及发展对策 [J]. 商业时代，2008（13）：14－16.

[43] 方文静. 中小企业破坏性创新选择的比较分析 [J]. 中国西部科技，2011（01）：70－71.

[44] 冯之浚. 企业是自主创新的主体 [J]. 科学学与科学技术管理，2006（4）：5－6.

[45] 付玉秀，张洪石. 突破性创新：概念界定与比较 [J]. 数量经济技术经

济研究，2004（3）：73-83.

[46] 付娜，刘翔 . 构建新农村现代零售产业组织体系的必要性和对策 [J].
安徽农业科学，2010（07）.

[47] 官锡强，庞娟，黄光云 . 广西农村零售业态结构调整问题研究 [J]. 改
革与战略，2003（10）：48-53.

[48] 国翠玉 . 对零售业管理创新的思考 [J]. 山东商业职业技术学院学报，
2007（5）：161-163.

[49] 何志昂 . 破坏性创新理论及启示 [J]. 当代经济，2007（5）：134-136.

[50] 何永达，赵志田 . 我国零售业空间分布特征及动力机制的实证分析
[J]. 经济地理 .2012（10）：77-82.

[51] 胡保玲 . 关于加快中国农村零售商业发展的思考 [J]. 山东商业职业技
术学院学报，2008（5）：4-7.

[52] 胡永铨 . 论零售创新的特征 [J]. 商业研究，2007（12）：61-65.

[53] 胡愈 . 农村现代物流与农村消费增长相关性研究 . 消费经济，2007
（2）：38-42.

[54] 黄国雄 . 现代零售发展趋势与创新 [J]. 连锁与特许，2006（6）：44-
47.

[55] 黄漫宇 . 中国农村零售业态变革分析——基于零售进化综合模型 [J].
农业经济问题，2011（9）：72-76.

[56] 黄先军 . 对农村零售业发展问题的几点思考 [J]. 首都经贸大学学报，
2003（6）：66-68.

[57] 黄秀霞 . 从"沙集模式"看电子商务对农村经济的影响 [J]. 经营管理
者，2011（15）.

[58] 洪涛 . 新世纪我国农村商品流通问题研究 [J]. 商业经济与管理，2003
（2）：10-13.

[59] 弘元 . 互联网模式中的零售业创新战略 [J]. 科技与企业，2011（03）.

[60] 纪良纲、刘华光、魏林燕 . 农村商业网点依托小城镇发展规律研究

[J]．河北经贸大学学报，2001（1）：39 - 43.

[61] 纪良纲，刘东英．《中国农村商品流通体制研究》[M]．北京：冶金工业出版社，2006.

[62] 纪良纲，刘东英．《中国农村市场中介组织研究》[M]．北京：人民出版社，2009.

[63] 季丹，郭政．破坏性创新：概念、比较与识别 [J]．经济与管理，2009（5）：16 - 20.

[64] 贾钦然．我国农村零售业现状及业态创新分析 [J]．现代商贸工业，2010（17）：46 - 47.

[65] 贾益东．关于农村零售商业发展问题的思考 [A]．论中国式的社会主义现代化，2002：224 - 229.

[66] 姜华．基于物流一体化理论发展第三方物流的对策 [J]．山东交通学院学报，2004（2）：22 - 27.

[67] 李定珍．关于我国农村零售组织创新的思考 [J]．湖南社会科学，2007（6）：130 - 133.

[68] 李飞，王高．中国零售管理创新（第1版）[M]．北京：经济科学出版社，2007.

[69] 李飞．零售革命（第1版）[M]．北京：经济管理出版社，2003.

[70] 李飞．零售业态创新的路线图研究 [J]．科学学研究，2006（12）：654 - 660.

[71] 李芬儒，忻红，李曼．河北农村商品流通产业创新的对策研究 [J]．经济与管理，2004（6）：5 - 7.

[72] 李芬儒．关于我国农村商品流通创新的思考 [J]．河北经贸大学学报，2003（5）：57 - 60.

[73] 李芬儒．关于我国农村市场的批零业态创新 [J]．商业时代，2005（23）：17 - 18.

[74] 李刚，汪旭晖．城市零售企业进入农村市场的破坏性创新——以家家悦

为例 [J]. 现代科学管理，2010 (9)：33 – 35.

[75] 李刚，汪旭晖. 农村商贸流通服务业破坏性创新战略的影响因素及实施效果——基于万村千乡店的实证检验 [J]. 兰州学刊，2010 (7)：98 – 101.

[76] 李慧. 农村零售业发展中存在的问题及对策分析 [J]. 农业经济，2010 (4).

[77] 李亚春，黄忱. 我国农村零售业发展的制约因素和对策 [J]. 现代商业化，2011 (11)：13.

[78] 李尧. 启动农村消费市场促进新农村建设 [J]. 农业与技术，2011 (2).

[79] 李彦磊. 城市零售企业进入农村市场的破坏性创新研究. 东北财经大学硕士论文，2010 (12).

[80] 刘光祝. 基于顾客参与的破坏性创新研究 [J]. 商业时代，2010 (32).

[81] 刘兰剑. 渐进、突破与破坏性技术创新研究述评 [J]. 软科学，2010 (3)：10 – 13.

[82] 刘东英，梁佳. 中国的生鲜蔬菜物流链：观察与解释 [J]. 中国农村经济，2007 (8)：47 – 55.

[83] 刘东英. 农产品现代物流研究框架的试构建 [J]. 中国农村经济，2005 (7)：64 – 70.

[84] 柳春岩. 我国农村零售业发展对策研究 [J]. 中国乡镇企业会计，2006 (9)：58 – 59.

[85] 马超. 我国零售业演变的影响因素及发展趋势研究. 西北大学博士论文，2010 (06).

[86] 孟静. 农村流通发展的趋势探讨 [J]. 内蒙古农业科技，2007 (3)：3 – 5.

[87] 苗志娟. 我国农村零售业连锁经营的现状及发展对策 [J]. 改革与战略，2012 (3).

[88] 牛瑞芳. 我国农村零售市场的现状及发展对策分析 [J]. 江苏商论，2012 (3).

[89] 邱兆斌. 破坏性创新理论研究脉络及其进展探析 [J]. 安徽科技学院学报，2009（3）：3-4.

[90] 祁让坤. 我国农村商品流通现代化研究. 重庆工商大学硕士论文，2011（06）.

[91] 沙振权. 中国零售企业对创新技术的认知度分析 [J]. 北京工商大学学报，2001（9）：21-25.

[92] 司景萍，林丽华. 公路运输业向物流业转化的探讨 [J]. 内蒙古公路与运输，2002（4）：4-5.

[93] 思春林. 企业创新空间思春林企业创新空间与技术管理 [M]. 北京：清华大学出版社，2005.

[94] 宋建元，蔡翔. 基于公司内部风险投资的破坏性创新机理与过程研究 [J]. 科技进步与对策，2009（7）：76-80.

[95] 宋建元. 成熟型大企业开展破坏性创新的机理与途径研究 [D]. 浙江大学博士学位论文，2005.

[96] 宋向清. 我国农村物流业不均衡发展分析 [J]. 首届中部地区商业经济论坛论文集，2007：1-8.

[97] 孙启贵，邓欣，徐飞. 破坏性创新的概念界定与模型构建. 科学管理研究，2006（8）：175-178.

[98] 孙启贵，汪谨. 破坏性创新的影响因素与演化机理 [J]. 科技进步与对策，2009（6）：4-7.

[99] 孙淑生，谷伟华. 探析物流技术创新 [J]. 商场现代化，2010（614）：51-53.

[100] 孙永生，肖飒. 浅析农村市场零售企业全面管理体系构建的策略 [J]. 中国电力教育，2009（20）：257-258.

[101] 孙晓华，田晓芳. 企业规模、市场结构与创新能力——来自中国37个工业行业的经验证据 [J]. 大连理工大学学报（社会科学版），2009（6）：29-33.

［102］天山网新疆家乐福"农超对接"实现规模化［J/OL］. http：//news. hexun. com/2011 – 03 – 04/.

［103］田红云，陈继祥，田伟. 破坏性创新机理探究［J］. 研究与发展管理，2007（10）：1 – 7.

［104］田红云，陈继祥. 基于破坏性创新的中小企业创新战略研究［J］. 科技进步与对策，2009（5）：93 – 98.

［105］拓丽丽. 推进农村零售业的发展［J］. 经营与管理，2006（10）：32 – 33.

［106］汪旭晖，崔倩倩. 零售企业破坏性创新及其制约因素：一个理论框架［J］. 当代经济管理，2010（8）：25 – 29.

［107］汪旭晖，徐建. 农村零售业态创新：一个基于东北地区农民消费行为的探索性研究［J］. 农业经济问题（双月刊），2009（5）：44 – 49.

［108］汪旭晖. 中国农村零售业态的成长性评价——基于辽宁农村消费者满意度视角的研究［J］. 东北大学学报（社会科学版），2009（11）：312 – 316.

［109］汪旭晖. 自主创新：本土零售企业突围利刃［J］. 中国社会科学报，2011（04）.

［110］汪旭晖. 跨国零售企业母子公司知识转移机制——以沃尔玛为例，2012（05）.

［111］汪旭晖，杨东星. 我国流通服务业 FDI 溢出效应及其影响因素——基于省际面板数据的实证检验［J］. 宏观经济研究，2011（06）.

［112］汪滢，孙启贵. 基于价值网络的破坏性创新研究［J］. 华东经济管理，2008（12）：90 – 92.

［113］汪孔文. 互联网环境下零售商业模式创新. 华侨大学硕士论文，2011（01）.

［114］王便芳. 农村消费品市场需求特点及营销对策［J］. 农业经济，2009（7）：91 – 92.

［115］王冰. 我国农村零售市场现状及发展对策分析［J］. 天津农业科学，

2009 (15)：82－84.

[116] 王慧娟. 我国农村零售业的现状及发展出路分析 [J]. 产业与科技论坛，2006 (6).

[117] 王莉. 消费导向下的农村零售业业态演进与发展战略 [J]. 江苏农业科学，2012 (6)：404－406.

[118] 王景利. 我国农村市场发展对策研究 [J]. 金融理论与教学，2012 (04).

[119] 王明东. 在"新农村"建设过程中，城市连锁零售企业大有可为 [J]. 2006 年流通产业与区域经济发展研讨会论文集，2006.

[120] 王伟婉. 开拓我国农村消费市场的对策研究 [J]. 丽水学院学报，2005 (4)：5－8.

[121] 王新利. 论农村逆向物流及其网络模型设计 [J]. 中国流通经济，2007 (2)：19－21.

[122] 王新利，吕火花：农村流通体系对农村消费的影响 [J]. 农业经济问题，2006 (3)：69－71.

[123] 吴贵生，谢伟. 破坏性创新与组织响应 [J]. 科学学研究，1997 (12)：35－39.

[124] 吴杰. 我国农村零售业态实现连锁经营问题初探 [J]. 科技和产业，2006 (4)：45－53.

[125] 吴佩勋. 社会主义新农村流通服务体系的现状与展望 [M]. 广州：中山大学出版社，2008.

[126] 夏春玉. 零售业态变迁理论及其新发展 [J]. 当代经济科学，2002 (4)：70－77.

[127] 夏春玉，薛建强：农业产业化模式、利益分配与农民收入 [J]. 财经问题研究，2008 (11)：31－38.

[128] 夏春玉，杨宜苗：开拓农村零售市场研究——以辽宁为例 [J]. 中国流通业与新农村建设理论研讨会，2006：68－81.

[129] 夏春玉. 中国农村流通体制改革研究 [M]. 北京：经济科学出版社, 2009.

[130] 许辉. 我国农村零售企业实现连锁经营的策略研究 [J]. 商场现代化, 2009 (14)：1-2.

[131] 杨京京, 蓝海林. 动态竞争中的破坏性创新战略——一个交易费用的分析框架 [J]. 科技进步与对策, 2009 (6)：1-3.

[132] 杨强, 汪波, 吕荣胜. 破坏性创新理论的本质及其市场效应分析 [J]. 西北农林科技大学学报, 2008 (1)：59-61.

[133] 杨文兵, 陈阿兴. 浅论农村小城镇零售产业体系的重构 [J]. 商场现代化, 2004 (7)：45-46.

[134] 姚琼. 中国零售企业的创新动力及其模式选择 [J]. 江苏商论, 2004 (7)：3-5.

[135] 原梅生, 弓志刚：论现代农村商品流通体系的构建 [J]. 财贸经济, 2005 (3)：81-83.

[136] 尹丽艳. 中国农村零售业的经营模式探析 [J]. 消费导刊, 2007 (2)：33-34.

[137] 俞国方. 零售企业发展的六个创新点 [J]. 山东工商学院学报, 2005 (6)：61-65.

[138] 袁平红, 武云亮. 农村商品流通网络模型及发展趋势 [J]. 资源开发与市场, 2007 (8)：718-721.

[139] 张华芹. 流通企业开拓农村市场的对策 [J]. 山东财政学院学报, 2004 (2)：66-68.

[140] 张军. 企业破坏性创新与关联者的反应策略 [J]. 经济管理, 2007 (18)：69-74.

[141] 张家友. 农村零售市场特征及变迁研究 [J]. 中国商贸, 2011 (02)：1-2.

[142] 张堃. 培育零售企业核心竞争力的路径创新 [J]. 现代财经, 2002

（7）：20-23.

[143] 张莉艳. 论我国零售商开发农村市场的 PB 商品策略 [J]. 中国市场，2010（05）.

[144] 张满林，付铁山. 农村零售业态结构的调整与优化 [J]. 商业经济与管理，2001（3）：18-21.

[145] 张满林. 论农村零售市场商品结构的优化 [J]. 商业研究，2001（235）：173-174.

[146] 张满林. 农村零售商业现代化的路径选择 [J]. 商业经济文荟，2006（6）：20-22.

[147] 张强波. 江苏城乡一体化农村配送体系的构建. 江苏大学硕士论文，2010（06）.

[148] 张如意，张鸿. 城乡统筹视角下农村商贸流通主体的培养 [J]. 商业经济与管理，2011（10）.

[149] 张雯佳，李嘉晓，秦宏. 开拓农村消费品市场的对策 [J]. 陕西农业科学，2001（4）：12-15.

[150] 张学贵. 基于流动批发商的农村零售业困境探析与解决方案 [J]. 商业文化（学术版），2010（02）.

[151] 张晓霞. 我国农村零售业态创新演变探析——基于破坏性创新理论 [J]. 西北农林科技大学学报（社会科学版），2011（11）：48-53.

[152] 张晓霞. 中西部农村零售业态创新研究 [J]. 管理现代化，2010（3）：44-46.

[153] 赵凯. 连锁零售企业农村市场拓展研究——基于总成本领先战略和 SWOT 分析框架 [J]. 商业经济与管理，2010（4）：18-24.

[154] 朱瑞庭. 零售商自有品牌的功能和市场定位 [J]. 北京工商大学学报，2004（19）：38-43.

后　　记

我曾经天真地以为，一个人无须历经太多就可以体悟人生百态，现在我知道，成长的过程一定伴随着"收获的喜悦"和"磨砺的苦难"。回首我的博士求学路，心中难免感慨良多。过去已经成为历史，现在也正在成为历史。对于过去，我唯感幸运，幸运遇到良师益友在我迷茫、彷徨的时候对我的支持和指导，幸运地在挫折中努力地成长、艰辛地进步。

我由衷地感谢我的博士生导师夏春玉教授。夏老师宽厚待人、大气睿智的人格魅力感染着我，夏老师对于学术的激情和专注教育着我。入学伊始老师的教导"做学问要厚积薄发方可水到渠成"，至今仍萦绕于我的耳旁，夏老师"先做人后做事"的一贯原则将使我一生受益。本书从选题、修改到最后定稿，都倾注了老师大量的心血和耐心细致的指导。

我真诚地感谢我的硕士生导师纪良纲教授。纪老师引领我进入"商品流通"的研究殿堂，纪老师毫不吝啬地夸奖我每个小小的进步，使我由过往的妄自菲薄逐步变得自信、开朗。

"一日为师，终身为父"。施恩浩荡，没齿难忘！

我要感谢东北财经大学"营销与流通经济研究学术沙龙"的所有"龙友"。在东财读书期间，他们的"板砖"和"纱布"给我不少启发和灵感，尤其是旭晖师兄对该研究的每一步进展给予的意见和建议帮助我顺利完成此书。作为同门，他们对于我这个外来师妹生活上无微不至的关怀和帮助更让我体会到师兄弟姐妹之间的真情厚谊。

我要感谢我的工作单位河北经贸大学商学院的领导和老师们，在我读博期间，他们承担了我大量的工作，使我有条件专心攻读博士学位。

我还要感谢我的亲人，逐渐年迈的父母、公婆对我无条件的爱和包容，使我做任何选择都无所畏惧；爱人对我生活上的照料和精神上的支持是我能坚持下来的无限动力；妹妹时常从异国他乡寄来的服饰，使身为"傻博士"的我也变得多少有些娇俏；心爱女儿水晶的出生使我的人生变得丰满。

这本凝聚着诸多人心血的书即将竣工，不知将来她是否能为经济建设提出些许灵感，但她却伴随着我由青春年少步入而立之年，陪我度过了人生最美好的时光。

最后，再一次感谢我爱和爱我的人们，愿他们一生平安快乐！

梁　佳
2013 年 10 月